第十五封信・The Fifteenth Letter

從歷史深穴鑿個洞

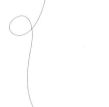

生活在地方，不難聽到「XXX就是X家的姪女」、「原來XXX是XXX以前的同學」這類話語，人與人的關係透過眾人口傳，綿密牽連成一面或鬆或緊的繩網，而網目交集頻密處，往往就是在當地開枝散葉的大家族成員。

我喜歡藉由蒐集或觀察人際繩網，得知一地的村落大姓、頭人家族等線索，從而依著人物，進入地方家族、地景、單位，甚或政治派系，逐漸充實當地的立體輪廓，並非從平面地圖去認識理解。

過程中，即能深刻感受到《總統的親戚》一書所述，「階級、身分、權力，這些都是搭建社會的實體成分，也是每一個社會最基本的關係和網絡。」每個地方，都有自己的社會網絡，網絡中自有因階級而生的身分和權力之差，這在當今社會仍是不變的運行規則，只是批著現代民主和自由經濟的外衣，將差異處覆蓋或彌平許多。

鑿個洞，挖掘現存或消失的地方望族脈絡，將會發現人物事件如滾石，從歷史深穴轟轟而來，而現在的世界並沒有想像中的那麼新，我們仍在舊時脈絡中。

主編　董淨瑋

夏末的能高越嶺古道

in 南投仁愛

從屯原登山口走到天池山莊，這段是能高越嶺古道西段，單程13.1K，一路平緩，偶有上坡路段及較須留意的大小崩壁，是從郊山健行跨到登百岳的初階入門路線。而我們因為朋友邀約，才有機會初次嘗試負重挑戰。

伴隨著不絕於耳的鳥叫聲，小孩按照慣例一路尋找昆蟲、觀察植物，海拔兩千公尺以上的植物和淺山很不一樣，在合歡山吃過的高山懸鉤子，成為這段路程重要的點心補給。更驚喜的是，遇到一隻在樹林中觀察我們的小山羌，可惜牠一察覺就迅速逃離，沒能拍照紀錄。

大約過了10K後，身體開始有疲累感，也許是一路走走停停讓負重時間加長，加上水份補充不足，終於抵達山屋時，先生和兒子都出現輕微高山症症狀：胸悶頭痛、食慾不振，於是決定隔天讓他們在山屋好好休息，我和朋友兩人輕裝去走南華山，奇萊南峰下次見。

我們不會因為少登一座百岳感到可惜，雖然女兒說路上太多崩壁，下次不參加這條路線（有危機意識也是好事）；但如果有機會，我還想看看冬天可能飄雪的天池山莊和奇萊南華。

盛琳
bibieveryday 主理人，在與小男孩和小女孩的日日生活中持續修煉著。

Evan Lin
攝影師、策展人、兩個孩子的爸爸，穿梭在工作與生活中的多重身分。

來一場公路電影吧

in 花蓮豐濱

為了拍攝花蓮客運的行駛路段，我們由北到南踏上台11線的海岸公路，展開一場在路上的拍攝計畫，汽車如風經過，我的眼神卻總在移動中停留，花蓮的海有夠迷人，由海流調製成不同層次的藍，白色浪花反射陽光閃閃跳動，像是看著車窗放映太平洋一望無際的影片；不想錯過的風景，就按下暫停鍵，請夥伴趕緊路邊停車，放我下來拍攝。

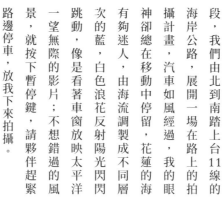

場景 SCENES

水湳到牛山路段，有好幾個香蕉攤無人看管，店牌寫著「良心蕉」，每串香蕉標好價格讓客人自助，全看客人的良心購買；開過芭崎，海邊有一群水牛在吃草，大水牛屁股後竄出一隻正在喝奶的小水牛，我們開心大喊：「牛牛你好！快來這裡！」，但牠們卻頭也不回的遠去；到達磯崎後搭上公車，車內的乘客用阿美族語對話，時不時傳出笑聲，雖然聽不懂，但也感覺得到日常中快樂的相處時光。

在新社下車後，雜貨店休息的在地人親切又害羞的與我們打招呼，路邊經營碳烤的阿姨也讓我拍攝獨特的煙燻飛魚乾，這裡除了有名的海稻米，當地的創作者用竹子編織藝術品結合自然風景，總能讓路過的遊客下車走走。我們一路往南，到秀姑巒溪出海口時，遇到一隻叫美女的狗正在游泳，牠喜歡人把木頭丟到水裡再叼回來，我們一起玩了好一陣子，最後離開時牠捨不得的送我們到停車場，等車子開走才回到主人身邊。

公路是一個地點前往另一個地點的過程，總是希望快轉，趕緊到達目的地，但小小的停留還是可以成為一段故事——因為無法預期，所以迷人又充滿驚喜。

林靜怡
宜蘭頭城人，現居花蓮壽豐，住在被山林擁抱和溪流洗滌的地方，與四隻狗二隻貓一起生活，創立「大樹影像」是希望能為被攝者留下些什麼，並讓世界溫暖一點。

尚存人情的藍色公寓

in 屏東市

我經常要從恆春到屏東市區工作，一個完整的拍攝企劃往往都需要四、五天，甚至更久。雖然恆春也在屏東，但屏南與屏北光是單趟的通勤距離，少說都要一百公里起跳，於是拍攝期間在屏東市住宿的問題，困擾了好一段時間。體力夠就來回通勤，不然就找個市區旅館住幾晚，但無論是哪個選擇，不是傷身傷神，就是傷害自己荷包。就這樣過好幾年，其中密切合作的業主告訴我天大的好消息，他們弄了一個在老公寓裡的工作室，以後北上就能住在這裡。

回想第一次背著大大小小的器材走進公寓，我猜想這裡應該有四十年的屋齡，有些斑駁的藍色磁磚，塞滿廣告傳單的信箱牆，雖然說不上整齊，但也沒有看到髒亂的角落，想必在藍色公寓裡的住戶們都有一定的默契與公德心。工作室在最裡頭的那棟，穿越中庭是個不大的花圃，偶而會看到老爺爺奶奶在這閒話家常遛孫子，還有一隻一定會對我叫的狗。每當傍晚住戶們都會紛紛走下樓，拎著大袋小袋等著會唱歌的黃色大車，還穿著校服的會自顧自地玩手機，媽媽們會討論今早的市場哪裡在特賣，看似如此平常的生活畫面，卻給了我一絲的感動，原來不方便才有人情味。

在舊華廈長大的我，中庭絕對是我們小朋友最棒的戰場，鬼抓人、紅綠燈、躲避球等，吃飯時間一到就能聽見誰的爸爸在陽台上呼喊。現在偶而會跟朋友討論公寓、華廈、大樓的差別性，小時候的我都直接說公寓最差，大樓最好，不過現在長大，也去過幾個朋友買的大樓及新華廈後，我反駁了自己過去粗淺的看法。新大樓蓋的一棟比一棟高級，住戶數也跟著越來越

建築
BUILDING
觀看　　的

多，但鄰居間的互動比跟7-11員工還要更陌生，回家不需要打招呼了，倒垃圾也不用再人擠人了，中庭不再有小孩子的奔跑，最熟悉的公設只剩下電梯，回家變得方便簡單，取而代之的是人情味也跟著沒落。

每個人想要的居住環境都不盡相同，或許降低鄰居間的接觸，是避免不必要衝突與爭執的方式之一。因為人情味就像熬一鍋湯，需要適合的食材、需要懂料理的人、需要時間來堆疊濃郁，或許喜歡喝湯的人很多，但又有多少人願意去熬這鍋湯呢？我一直都說，建築是情感的容器，建築也可以是影響情感的載體，人情味是互相體諒，是不完美裡的完美。

邱家驊

躲在恆春十餘年的影像人，拿著釣竿就住海邊，不時也爬進山裡砍柴玩石頭。攝影是工作更是生活，快門之前是積累的日常感受，快門之後將消化成未知的養分，回饋給自己。

建築

BUILDING

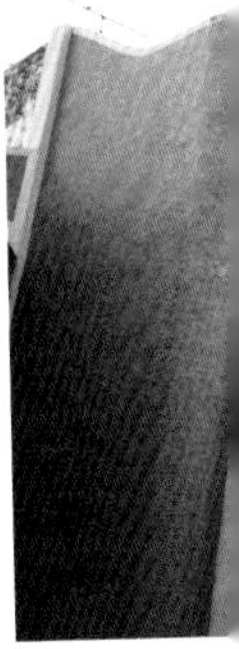

觀看　的

SIG

寫字成痴，太乙阿善師

in 台北萬華

「喂！我阿善師啦！你係政道丟某？透早我會使先去看看下晡寫字的所在否？（早上能不能先去看看下午寫字的地點？）」——約定為我們寫字的過程，比想像中複雜許多，先前本以為「只是要從老師手上求一幅字罷了」，其實老師寫字時要考慮的事情好多、好多，而且需要多次電話確認時間、地點、收字的人是誰。他是在萬華寫字成痴的國寶級老師吳秋來，在地人稱他「阿善師」（本篇所有對話都以台語進行）。

這次我與阿善師有緣二次相

會，其實前兩年在艋舺黃家啟天宮門口，瞥見他正與人討論廟會書寫公告之事，後來才知他早已名滿萬華。這次我在萬華籌措開店，想要許願店裡有滿滿的萬華，正好缺幅墨寶，透過在地貴人敲了好多次通告，才有緣再次相聚於貴陽街的福大同茶莊。

記得第一次約寫字時，在地貴人說：「你知道阿善師為了幫你寫字，打了多少通電話給我嗎！他還自己跑來跟我改時間跟地方！」

寫字那天我們在茶葉老店福大同，為了求得「萬華世界」與「大丈夫」兩幅字，屏氣凝神地等

待後，把要寫的字逐一告訴他。「來！你來這邊。」他希望求字的人站在他的旁邊。寫字之前，先確認紙上要寫字的空間與位置，便開始進入阿善師自我設定的準備動作：先打開老收音機播放著佛經錄音帶，轉身旋轉瓶蓋喝了口康貝特，然後單手立掌持禮，提了口氣，從第一筆到最後一筆的運行是緩慢而穩定的。

寫至「大丈夫」時，他問了我：「你的大要這樣還這樣？三筆都撇出去，還是把大的撇彎回來？」第一幅字他試了三筆皆撇出去，不甚滿意，直接揉掉了紙，重寫時依然重新設定一次準備工作，靜心寫字。寫字現場莊嚴無人喧譁，那天的字是所謂的蒼勁，如文

字會說話。「大丈夫」本已有了靈魂，再裱上鋼琴烤漆的厚粗框後，能震懾所在地的氣場。

後來這次的碰面，則是為了採訪，殊不知過程「並不順遂」。

貴人這次再改約地點後，表明無法代理，阿善師後來電話約定寫字地點，再約定「場勘」時間，前天打了通電話後中午前親自「場勘」。其實這已經是第二次和他正式相見，這次我本來是想單純訪談他罷了。「因為阿妙說你想要訪談，其實攏攏不用，想說要約在萬華車頭，那裡又太熱了中午在那邊受不了……」疑惑的同時，他拿出民國79年的獨家報導專題，「跟學寫字有關係的，已經在這個報導裡面了。」報導標題浮誇的寫著——萬華阿善師氣功揮毫　辟邪墨寶傳世。

「我今年87歲了，本來是說要去茶店寫，但是我這個人又不喝茶，太太說你不喝茶你給人家去茶莊幹什麼？……」阿善師一說話，就要把原因和脈絡都講清楚。

講完後看了看忽然就想寫字，問說可不可以把桌子拿到外面去，說是「忽然想寫字」其實所有的設備，從腳墊（怕地上石頭顛腳）、筆墨、紙鎮、鋼杯筆洗等各種工具，他早已準備好在三輪車上，比起採訪他可更想寫書法。而在場勘時接待的大姊、在場的人，人人皆有份的開始為大家寫起了字，從禪、靜、吉祥如意、福慧興至、心寬福大、人和事成，最後仍不過

癮。看了我的新空間說，「我沒有念書啦，日本時代念過兩年書，很怕日本老師就沒念了，但是很喜歡寫字，常常在廟裡看柱子的字就學，之前看到醍醐灌頂不太知道什麼意思，但是就覺得很好！醍醐灌頂、增智慧清涼舒適，有點紅紅的，讓你店裡的人也分到一些福氣。」

那天我準備了康貝特、Redbull紅牛、魔爪、蠻牛各種提神飲料，他雖然自己有帶，但在我積極勸說下只拿康貝特喝了起來：「我只喝康貝特其他的不用，我不愛喝茶、不愛喝酒，就愛寫字，吃的也很簡單，沒有吃素，一塊肉、兩樣菜這樣也不好請客。以前是金瓜石人，來台北開始都是喝康貝特，有沒有效不知道，就是習慣了，這樣就好不用請。」

隔天阿善師很開心地打給我說謝謝，昨天他很開心。如有緣遇到這位慈眉善目的老爺爺，記得他是寫字成痴的阿善師，誠心索字無須收費，他不只財富自由，而是人歡喜心自由！

李政道
經營線上平台「西城 Taipei West Town」。曾有多年迷惘的只為廣告服務，在中國工作時認識了台灣。偶然的機會下台北小孩才從一攤攤質樸的小吃，走入其實風華絕代的老派台北。

目 Contents 次

望族之後

Feature 特輯

——歷史梳
020 時代變遷下的望族頭人 許蕙玟

——流動指引
030 成為望族！必知十組關鍵字 許仟慈

——閨門身影
040 台灣望族女子圖鑑 許雅玲

——之後的可能
050 記憶 憑水利與糖業崛起之打貓男子成功記 曹沛雯

062 修復 在修復長路上，做老宅的陪伴者 王涵葳

074 活用

在怡然小村，復見百年芬芳 林竹方

——神隱之屋

086 蕭文杰×陳建融

打開封存的宅院，
見證望族的華麗與蒼涼 王巧惠

——篩金者

098 張素玢×李毓嵐×李昭容

在田野裡，
勾勒人物的生命軌跡 曾怡陵

Sight 觀看的視線

時刻

002 夏末的能高越嶺古道
盛琳 × Evan Lin

場景

004 來一場公路電影吧
林靜怡

建築

006 尚存人情的藍色公寓
邱家驊

人

010 寫字成痴，太乙阿善師
李政道

Another Life 另一種可能

移住者告白

110 初心陪伴，實踐生活應有的樣子
李盈瑩

Inside of Place 走進地方

鐵皮屋探奇

118 港邊的鐵皮祈禱室
盧昱瑞

野書簡

122 台灣欒樹⟷梣櫟
黃瀚嶢 × 陳柏璋

Grow From Land 和土脈脈

風土繫

126 織一塊布，療癒族人心中的山
陶維均

大笨蛋生活法則

132 不存在劇場的存在試探
高耀威

地方擺渡人

136 返鄉，是為了再次看見野菱蔓生
張敬業

創造未來

140 談SDGs存在的時代意義
林承毅

地方望族，
是由血緣、地緣、信仰圈、婚姻關係、
商業網絡及政治力量所匯集形成，
往往成為支撐、維繫地方發展的主力，
也是左右歷史的關鍵角色。

之後

穿過時代脊簷的光

AFTER GREAT CLANS

望族

深入一地發展脈絡，
藉由梳理其根系，
就能碰觸到軸根家族的綿密人際網絡。

與地方交融的望族後代，
有如夜空中的星光，
有的閃爍停滅、有的愈益恆亮，
影響自身家族和周遭地區，
不變的是，其散發光芒都穿過時代脊簷，
引領人追尋。

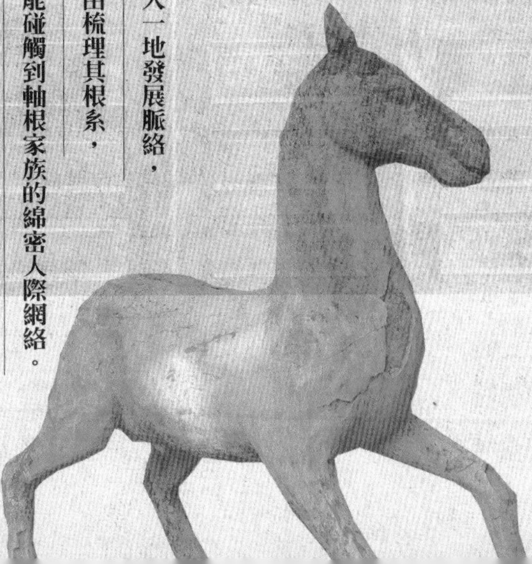

時代變遷下的望族頭人

GREAT CLANS AS TIMES CHANGE

文字—許蕙玟

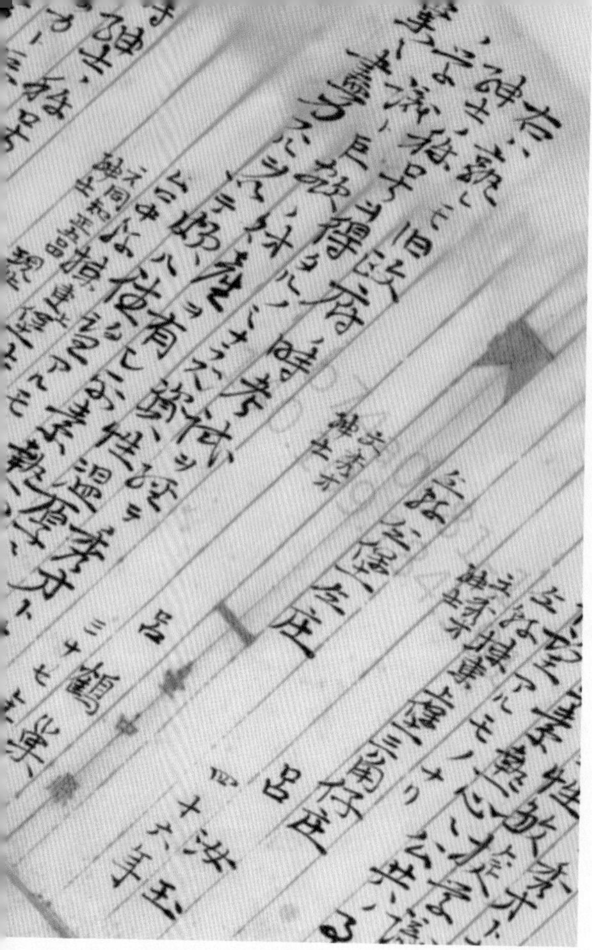

臺中縣吳鸞旂外三十名へ紳章附與（1897-03-31）《臺灣總督府檔案．總督府公文類纂》。（國史館臺灣文獻館，典藏號：00000126011）

提到望族，大多會聯想到有地位和名望的家族，這與歷史經驗中我們所想像的「望族」有關。現今台灣所見的望族，其實有地區型和全島型家族，前者如龍井林家，後者為板橋林家，差別在於影響範圍所及。這些家族的地位及名望是如何積累、並成為台灣人耳熟能詳的家族，亦或是地方上為人稱道的家族呢？

在歷史脈絡裡這些家族的形成，實由血緣、地緣、信仰圈、婚姻關係、商業網絡及政治力量所匯集，成為一個個重要的家族，進而影響地方發展、經濟產業、宗教信仰、社會組織及文教活動等開展，更是不同政權的統治者，在地方治理極需籠絡的角色。

墾戶和商人是清代官府治理地方重要的要角，儼然為地方領袖。

這些影響台灣政治、經濟發展的重要家族，其生成並非一蹴可幾，而是長時間積累的經濟實力與政治影響力。因此，回到歷史脈絡來梳理，才能清楚望族形成原因，在不同時期所扮演的角色、國家社會賦予的責任，如何成為他們蓄積財富、地方勢力和社會影響的決定因素。

清代望族有土斯有財

清代台灣望族的出現，首要提及土地開發和商業經營，逐步形成的經濟實力。前者如向官府承領墾照的土地開發者，通常有獨資或合資形式所成立的墾號。以合資為例，包括1709年的陳賴章墾號（陳天章、賴永和及戴天樞等人），以及1835年金廣福墾號（姜秀鑾、周邦正等人）；獨資則有張振萬墾號（張達京）、施長齡墾號（施世榜），後來皆為當地重要的家族。商業經營者，以郊商為重，除經營中國、台灣兩地的進出口貿易，或遠及日本、東南亞地區，如鹿港許謙和號（許志湖家族）；1860年代台灣開港後，更有一批新興的買辦階層，透過

許蕙玟

南投埔里人。暨南國際大學歷史學系博士，喜歡歷史，最愛台灣史，專精商業史。曾任暨南國際大學通識中心兼任講師，帶學生做田野調查、認識台灣歷史文化，是一件快樂的事。

與洋行的商業往來，面向世界貿易體系而快速累積財富，如陳福謙、李春生等人，成為新興的地方望族。

值得關注的是，這些墾戶不僅是官府課徵土地稅的對象，部分位於隘墾區的墾號，還需聘用隘丁守隘，並負擔此費用，來確保開墾土地的安全性。至於商人為保護個人生命財產的安全，往往透過積極參與地方事務，負擔地方防匪及公共事務的費用，甚至常為官府強制捐派的對象。由此可見，墾戶和商人是清代官府治理地方重要的要角，儼然為地方領袖，其家族於地方的重要性也日益增加。

尤其在各地興建廟宇的碑刻或興築學校、道路等公共建設，常見地方重要家族成員的捐獻，例如彰化「重修邑學碑記」（1760）即有張達京、施士齡（施世榜之子）。顯見清代的望族在土地開發、商業經營下，累積一定財富後，又受官府倚重，委以地方治安、課稅和公共事務的職責，更積極參與地方事務，興學、建廟、鋪路及社會救濟等，獲得一般民眾的認同，成為地方頭人。

望族透過軍功和捐納方式，獲取功名後擴張其於地方的影響力。

軍功捐納為晉升途徑

可是這些墾戶或商人，並不滿足於經濟上的財富累積而已，為晉升仕紳階層，這些家族更進一步藉由科舉制度、軍功及捐納等方式，栽培家族子弟獲取功名，擴大其於地方的影響，例如龍井林家、新竹林家和鄭家等。

尤其是1862～1864年的戴潮春之亂，龍井林家的成員林永尚，原本加入戴軍，後來受清廷招降，打擊戴軍有功，在論功行賞中獲取福建補用一職，進入清廷軍職系統，其家族一舉成為龍井地區第一豪族；另一位在此戰役中，因傑出表現，獲得布政使銜的林占梅，出身於新竹林家，與新竹鄭家可媲美，其祖父林紹賢即以開墾土地和經營鹽務致富，雖父親早逝但叔父鼎力栽培，使林占梅於1845年開始嶄露頭角，先倡捐防費有功，得貢生銜。他後續更在1853年林恭之亂、1854年擊敗海盜黃位，又於戴潮春事件平亂有功，為避免樹大招風，以病辭官，興建「潛園」寄情詩文，廣邀文人雅士聚會，使新竹文風為之鼎盛。

從林永尚和林占梅的例子，顯現清代望族透過軍功和捐納方式，獲取功名後擴張其於地方的影響力。此外，循科舉制度獲取

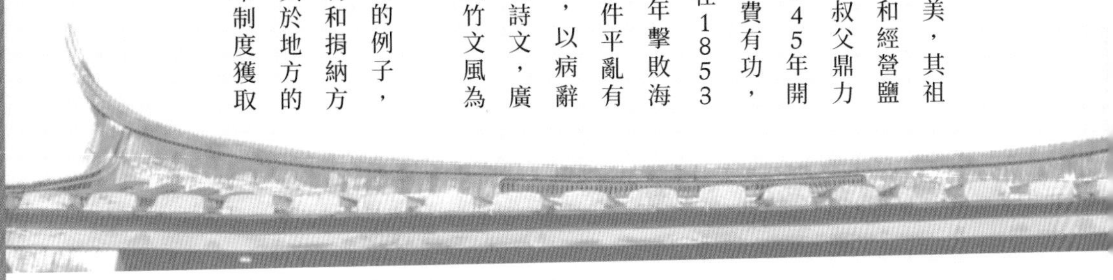

功名者，如新竹鄭家的鄭用錫（1823年進士）、鹿港丁家的丁壽泉（1880年進士）。而有趣的是丁壽泉的老師蔡德芳為1874年進士，其女婿林啟東為1886年進士，從中也可見書香門第家族的婚姻網絡，「門當戶對」由來已久。

清領時期台灣望族的出現，其實和閩粵移民開墾台灣有關，又為滿足移民生活所需，而有商業貿易之必要，除形成區域分工貿易體系外，更有農商連體經濟的特質。這些因素下促使來台開墾的移民，漸次因土地開發、商業貿易的興盛，累積財富，進而

循科舉、提供武力和捐納等方式獲得功名，積極參與公共事務，不但成為地方官員治理的一大助力，也為其家族累積聲名，成一方望族的根基。

禮遇籠絡並進的日本政權

1895年清廷因甲午戰敗割讓台灣給日本政府，致使台灣改隸。面對新政府的統治，地方望族的選擇為何？有抵抗日軍保衛家園者，也有投降輸誠者，亦有保持觀望者。因此，日本政府根據國際法，讓台灣人有兩年的國籍選擇權，可回歸清國或為日本臣民。

實際上，這些地方望族與原鄉的聯繫頻仍，部分家族成員選擇回原鄉，而有些則留在台灣處理商務、家事。由此可見，這些家族以分散風險的方式，確保在台家族基業，以因應變局，如鹿港許家、板橋林家、霧峰林家等家族，皆有類似作為。不過，鹿港許家最後在國籍決定日前，皆返回台灣，為日本臣民；板橋林家、霧峰林家因家族成員有官職在身，所以部分選擇內渡回清國。那麼初來乍到的日本政府為求統治台灣，又如何與這些地方望族互動？

1896年台灣總督桂太郎發布諭告，針對台灣具有學識、資產或聲望的良民，實施優待辦法，發布了〈台灣紳章條規〉和〈台灣紳章條規取扱內規〉，以「紳章」的名義拉攏地方仕紳及其所代表的家族勢力。授予紳章者多為清代具學識（有秀才資格）、有資產、且熱心公益者，如吳鸞旂、呂鶴巢等人。此外，也包括1860年開港後的新興商業鉅子，如李春生、陳中和等人，皆有紳章配戴之。這也顯現日本政府特別禮遇的台灣仕紳，多為清代望族的延續。

以吳鸞旂為例，為台南吳郡山

家族的一支，祖父時才遷至台中一帶開墾，父親延續其事業，母親林純仁出自霧峰林家。後因父親過世，母親善理財，致使財產大增，1889年即以捐納得貢生。進入日治時期，吳鸞旂已為台中一帶的地主階層，受日本政府重視，1896年即授予其任台中縣聯甲總局辦事員，1897年擔任地方招安委員，1898年任台中縣參事等職務。一方面可見清代仕紳備受禮遇，另一方面顯示日本政府藉由這些仕紳穩定其統治。

除了清代望族的延續外，有一批人異軍突起成為時代寵兒，獲得日本政府的信任，擔任官職或有專賣利權，成為新的政商名流，如辜顯榮、許丙等人。其中，許丙的崛起，實與板橋林家有著密切的關係，其在1911年進入林本源總事務所任職，因精通日文，獲得林熊徵青睞，1916年升為林本源第一房庶務長，他也由於林熊徵，

台灣的望族在清代、日本時期，皆有需承擔社會責任的一面。

和台灣總督、日本內閣上層官員交好，並協助林家成立華南銀行等，逐漸打下其在政商界的發展基礎，直至1930年7月與林熊徵已同列台灣總督府評議員，1945年更獲選為日本貴族院議員。從許丙的例子，可見他是借板橋林家之勢，和當權者往來，又商業經營得當，獲取更多政治資源，成為第一代的望族。

知識成就名望新仕紳

另外，不可忽視的是，新式教育下的新興知識份子，如林茂生、杜聰明、林呈祿、羅萬俥、王育霖、吳新榮、吳鴻麒和鄭松筠等等。這些知識份子藉由專業能力，從報社宣傳，廣為人民喉舌，亦或專精醫學，取得國際知名度；也加入台灣文化協會，參與台灣議會設置請願運動，從而為日本政府矚目，在地方也是有名望的仕紳，提升其家族於地方的能見度。

這些新興知識份子興起的背景，與其家族積累的財富、地方勢力有所關連。如王育霖，其父親王汝禎在台南開設「金義興商行」，經營鮑魚、干貝等海陸乾貨的貿易和批發，並發起設立「愛護寮」收容乞丐及流浪漢，受日本政府多次表揚。也由於王育霖出身富裕家庭，使其得以赴

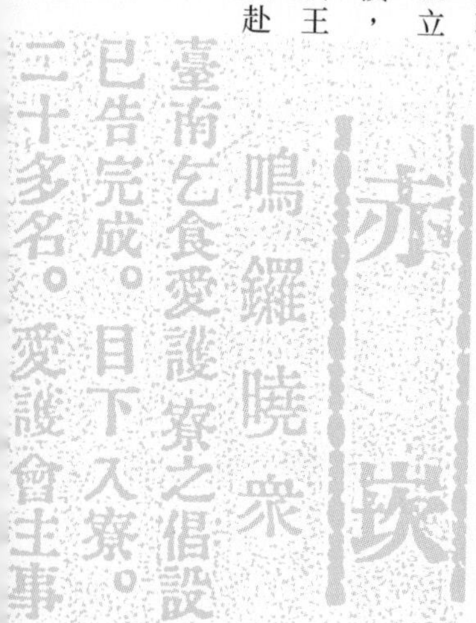

赤崁
鳴鑼曉衆
臺南乞食愛護寮之倡設。已告完成。目下入寮。有三十多名。愛護會主事同

地方派系與黑道的結合，
「權」、「錢」、「拳」三者共生。

日就讀日本東京帝國大學法科，並通過「高等文官試驗」，取得司法官資格，成為日本本土第一位台灣人檢察官。

回顧日本時代的台灣望族有三種類型，一為延續清代以來的地方望族，二是倚靠新政權崛起的新貴，三是新式教育下的知識份子。與清代地方望族相同的是，這些仕紳家族皆扮演政府協力者的角色，尤其1937年進入戰時體制，日本政府推行的一連串統制經濟措施，包括食物配給、燈火管制和金屬回收等，他們都必須為人民表率，甚至包括改姓名運動，如許丙即改名為大山許丙。顯現台灣的望族在清代、日本時期，皆有需承擔社會責任的一面。

戰後重新洗牌的望族

1945年日本戰敗，台灣為中華民國接管，並由其派任陳儀擔任台灣省行政長官兼警備總司令，在此政局動盪下，台灣望族面臨的處境又是如何？與日本政府籠絡台灣人來鞏固治權，國民政府來台後造成一連串的衝突，不但重新洗牌了台灣望族的組成，更留下深刻的歷史教訓。

1946年陳儀以《漢奸總檢舉規程》發動「漢奸總檢舉」，要求民眾盡量告發過去日本統治時的御用漢奸，使得辜振甫、林熊祥、許丙等人被逮捕，受到牢獄之災，林獻堂也曾被找去訊問。1947年由於陳儀任內讓台灣政治、經濟、社會及文化面的省籍衝突日益嚴重，最終釀成「二二八事件」，加上其誇大暴動情勢，造成蔣中正派兵鎮壓，致使不可挽回的悲劇，不僅是台灣歷史的傷痕，更是台灣望族面臨危急的時刻。

在「二二八事件」中，台籍

知識份子、商業鉅子和地主都為陳儀等人清算的目標，如前述的林茂生、王育霖（得罪新竹市長郭紹宗）、吳鴻麒皆因之受難，如吳鴻麒之死，迄今仍未有真相，甚至基隆顏家，在此事件中也大受影響，顏欽賢不僅被沒收財產（後有歸還），更必須繳交自新書，認同國民黨的政權。顯見延續清代、日治時期以來的重要家族和地方仕紳，皆因此受害，部分未受衝擊的仕紳，則至此不再參與政治。

不代表歷史上的地方望族就此消失，
而是華麗轉身投入經濟產業鏈。

延伸為地方派系基礎

1949年中華民國遷台，蔣中正為鞏固其政權，一方面重用台籍「半山」，另一方面則以「白色恐怖」威嚇台灣人，取得台灣統治的穩定性。因此，除前述遭受迫害的台灣望族，憑著政權而起的「半山」家族，如連震東和黃朝琴等人漸次取代其位置外，更有一批隨著國民政府來台

的外省權貴，遞補原有的台籍知識份子階層，獲得政治、經濟上的資源來擴大家族勢力。

另外，台灣人原為凝聚政治力量與外來政權、外省階級對抗，進而形成地方派系，如台南有海派、山派與高派。海派以吳三連等人為主；山派則是國民黨刻意扶植，有胡龍寶等人；高派則是以高育仁為首，漸次壯大，朱立倫即出自高派。不過，這些地方派系組成複雜，因著黨、政、軍關係，又或者地方共同利益而結合，使得地方政治漸為其所把持，更屢見派系時有選舉買票當選的爭議，加劇地方派系與黑金勢力的緊密結合，壟斷地

方公共資源。更嚴重的是地方派系與黑道的結合，「權」、「錢」、「拳」三者共生，除影響台灣民主政治的運作，也進一步複雜化望族的組成。

很難想像，從清代商人、地主階層，到日治時期新興知識份子，戰後台灣的望族已然重新洗牌，不是過去以經濟、政治實力積累的世家大族，而是透過選舉政治成為地方派系，影響地方發展。但這不代表歷史上的地方望族就此消失，而是華麗轉身投入經濟產業鏈，經營企業，並以政治獻金、社會慈善事業和參與公共建設，持續發揮影響力。

參考資料

許雪姬，《龍井林家的歷史》（台北：中央研究院近代史研究所，1990）。

許雪姬、蔡啟恆、川島真、傅奕銘，《許丙．許伯埏回想錄》（台北：中央研究院近代史研究所，1996）。

林玉茹，《清代竹塹地區的在地商人及其活動網路》（台北：聯經，2000）。

林玉茹，《鹿港郊商許志湖家與大陸的貿易文書（1895-1897）》（台北：中研院台史所，2006）。

陳柔縉，《總統的親戚：揭開台灣權貴家族的臍帶與裙帶關係》（台北：麥田，2022）。

王惠琵，〈清代台灣科舉制度的研究〉（國立成功大學歷史語言研究所碩士論文，1989）。

高永光，〈二十一世紀台灣地方派系的發展〉，《中國地方自治》55：6。

BECOME GREAT CLANS

流動指引

文字—許仟慈

成為望族

插畫—zoolavie

必知十組關鍵字

BECOME GREAT CLANS

許仟慈

台北木柵人。政治大學台灣史研究所碩士畢業，現在是大組織下的小小小助理。因為一連串的因緣際會，而能在這裡聽著這片土地的曾經，寫著你我的故事。

KEY POINT 01

清代墾號與土地的取得

清代台灣社會形成望族之因，其中關鍵就在土地取得。清代的土地可以分為原住民持有的「番地」與「無主地」，要開墾無主地需要依照程序向官府申請，取得墾照後才得以拓墾，此時擁有的僅是土地開發權；當土地開發完成，並向政府完納租谷後，便正式取得土地所有權。土地的開墾通常耗資甚鉅，資本雄厚者會獨資申請墾照，或由小墾戶糾合集資、申請墾照。

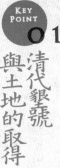

新竹地區著名的「金廣福」墾號源自於北埔姜秀鑾家族，乾隆時期自惠州府來台，最初在淡水紅毛港（今新竹縣新豐鄉）開墾，後遷往九芎林。姜秀鑾經理地方行政，一面從商，一面進行土地開墾，並協助政府防守番界，家境始改善卻還不足以稱之富裕。1834年，姜秀鑾與閩粵人士共組「金廣福墾隘」，姜秀鑾拓墾竹塹城東南邊土地，而姜家又不斷收購租權，經過12年後，累積了可觀資產，奠定新竹北埔姜家的基礎。姜家後又以個人名義成立新墾號，持續往內山開發。清代土地拓墾的制度，成功促使荒蕪地的開發，同時也給予姜家機會透過墾號取得無主地，加速財富累積，形成地方望族。姜秀鑾曾孫姜紹祖，光緒年間為棟軍的將領。1895年日軍抵台後，不甘淪為異族統治，組織義勇軍對抗日人。姜紹祖遺腹子姜振驤，1925年出任八屆新竹州協議會員；1936年以後任總督府評議會員；戰後1948年創辦新竹區合會儲蓄公司（今新竹商銀）。姜家後代也不落人後，姜阿新在1946年籌組永光公司，外銷茶葉，掀起一股台茶熱潮，世人譽之為「茶虎」。2021年台劇《茶金》故事原型講的就是戰後姜家的茶葉生意。

KEY POINT 02

開港貿易下的新興買辦

除了在邊區開墾土地之外，「經商有道」則是另一個形成地方望族的關鍵。台灣西部沿海地區在清初就和中國建立密切的商貿關係。如台南北郊蘇萬利在１７６０年代組成，掌握了台灣往中國福州以北的貿易路線。透過與中國東南沿海貿易因而致富者不在少數，這些商人除了經商貿易外，往往也兼具地主身分。早期來台開墾需要大量的資本，墾戶常需仰賴商人投資。清代台灣的望族通常具有商人、地主、仕紳多重身分，引領台灣的發展，形成各地區重要的領導階層。

１８６０年代台灣開港通商，進入國際貿易體系，大量外商進入台灣之時，面對的是語言障礙、資本少又人力不足的困境，他們無法與在台的商人溝通，且缺乏投資台灣市場的資金，因此他們迫切需要具有語言能力，又有一定經濟實力的買辦作為貿易媒介，同時也是實質上的合夥人。如怡和洋行便與府城買辦許建動合作，由於許家與官府的關係良好，在開港通商前經營樟腦生意，並已開始與外商接觸往來，擁有雄厚的資產；另一方面，買辦因為與外商接觸熟稔國際貿易市場，從受雇於外商到自身發展經營事業，進而發家致富。許建動與怡和洋行合作後，旗下的商號遍布，壟斷西岸出口業。

打狗陳福謙和大稻埕李春生並稱南北兩大買辦。兩者皆出生於普通家庭，陳福謙靠著自身努力，開港前已經是郊商，藉由相當的資金、社會地位和既有的商貿網絡，因而致富。曾為陳福謙商號總家長的陳中和，另起爐灶創辦的「和興公司」，藉著陳福謙留下的人脈和商業網絡，為高雄陳家的繁榮打下基礎。

李春生任寶順洋行買辦，與茶商陶德合作，開創北台灣的茶葉貿易榮景。李春生家族直至日治時期李春生的長子李景盛、孫李延禧齊心於１９１５年創辦以茶葉融通為主之新高銀行，１９１９年又組建大成火災海上保險株式會社，經營範圍擴展迅速。憑藉著李春生奠定的根基，曾與台灣五大家族一同，躋身商業及金融業的巨頭。

KEY POINT 03

招贅婚 壯大家族勢力

漢人家庭傳統以父系子嗣為大宗，但由於民間社會時有缺乏男丁，因此發展出男子入贅女方家，以延續香火的「招贅婚」制度。

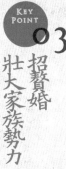

光緒年間，南投埔里的原住民望麒麟，學識優異，獲賞進台南孔廟任佾生，在當地譽為「番秀才」，曾經協助清廷徵收亢五租，而名望地方，也讓望麒麟成為埔里地區的大地主。望麒麟膝下無子，遂讓長女望阿參招贅漢人黃敦仁為夫，並約定長子姓望，其餘子女皆姓黃，以延續黃、望兩家香火。不僅是家族為延續子嗣的「招贅婚」，更是漢人與當地原住民通婚之案例。黃望家的古宅在經歷921大地震後雖遭受重創，但在後代子孫齊心協力下得以重建，至今仍屹立於埔里鎮上，被列為南投縣文化資產。

KEY POINT 04

為立嗣 收養螟蛉子

望族的男性多為立嗣目的收養螟蛉子（養子）；同時清代屬於移墾社會，土地開發需要大量勞動力，因此也不乏為增加勞動力而收養子嗣的情況。台灣傳統漢人家庭養子、螟蛉子風氣之盛，如望族板橋林家林爾嘉、林維得皆為養子。

清代的中部平埔族岸裡社望族潘家，收養子女的原因不僅止於上述二因，還有以立足漢人社會為目的，甚至偏好收養漢人更勝於同族或其他平埔族子女。岸裡大社，是18世紀巴則海族中勢力最為龐大的一支，康熙年間歸化清廷。岸裡大社第八代總通事潘初拔本名陳進文，原來是廣東嘉應人陳結四之子，後來賣身給岸裡大社潘士萬並改名為潘初拔。1788年，獲准入彰化縣學任童生，嘉慶年間出任總通事。

1868年以前，由於當時平埔族人未編列入學額，不能依正規管道入縣學，潘初拔之所以獲准入學，皆因其具有粵籍身分。潘初拔後又收養廣東大埔縣人張世英為養子，改名為阿沐。漢人養子影響了岸裡社的家庭結構，也促使其漢化加速，同時幫助潘家不只在平埔族社群，更能在中部的漢人社會中站穩步伐。

KEY POINT 05 參與地方宮廟事務

宮廟是傳統漢人村落的生活中心，且由於清代政府對於地方管理相當鬆散，行政運作仰賴地方有力者辦理，宮廟遂成為仕紳議事、鄉里處理公共事務的空間。宮廟的核心為其管理組織，財產管理、修繕維護及年度祭祀活動，皆是由宮廟管理組織決定，龐大的利益多為地方仕紳望族、豪強角逐，表現他們在地方上的地位，獲得更大的權力空間。再者，宮廟的運作需要大量資金，望族除了捐獻自身金錢外，由於他們深耕地方，掌握地方網絡，因而可以運用既有的廟產進行更多的投資，以錢生錢，對宮廟的發展也不無好處。從捐獻建廟的土地、錢財，到積極參與祭祀活動，望族的身影無處不在。

台北大龍峒的陳悅記，由清代陳遜言建立，其子為著名文人陳維

英，在當地推廣文教不遺餘力，現今孔廟、保安宮的多數土地即由陳家捐予建廟；新竹枋寮的義民廟，背後掌權的是林先坤家族；木柵指南宮主祀呂洞賓，地方稱「仙公廟」，因鄰近貓空，能俯瞰台北盆地，為北部知名景點，主事者高忠信家族世居木柵、景美地區，是當地著名望族。

KEY POINT 06 社會救濟 回饋鄉里

從清代到戰後，地方望族參與社會救濟，捐銀興學、辦理義倉、義渡、義塚，鋪橋造路，濟貧扶弱，此一類美談不勝枚舉。新竹的林紹賢到林占梅三代，每年捐錢賑濟窮苦百姓；同治年間，北埔姜家姜榮華勸設義倉，捐糧防災，辦義學，鼓勵清貧子女就學；彰化施家施士安（施世榜之子）熱心公益，捐田千畝復興海東書院；東勢劉啟東家族在大甲溪上游辦理義渡，免費替人載渡。

嘉義東石當地靠捕魚維生，居民多半生活清貧。吳踏的先祖吳燕兄弟約自康熙年間到東石，以牡蠣養殖為業，其父親吳唇經營魚市，吳踏繼承父業，向對岸往來經營商貿買賣，獲利甚多。吳踏在日治時期任東石區區長，在地方熱心公益，為處理大小爭訟的「公親」，有一說是曾替窮苦的鄉親百姓代為完稅，在地方頗負盛名，人稱「阿踏叔公」。吳踏之子吳煆習醫，經常辦理義診替鄉民治病。

吳家的後代詩人吳露芳，曾在他的詩集自序中提到，吳煆為人好善樂施，經常准允病人賒帳，驟逝後留下妻兒，生活陷入困頓。為地方盡心盡力的吳氏父子，在東石先天宮內題下楹聯，百年來為東石地方祈福，美談至今仍為人津津樂道。

KEY POINT 07 日本政府的紳章制度

日治初期，政府為了籠絡舊政權下的社會菁英，鞏固自身政權，於1896年10月，由台灣總督府頒訂〈台灣紳章條規〉，頒發紳章予具「學識資望」（科舉功名、資產、具社會威望）之台人。獲授章者，多為日本政府的協力者，如台北辜顯榮及台南蔡夢熊、許廷光等人，皆在日軍抵台後隨即表誠，協助日本政府安撫抗日情緒，維持地方治安。

爾後，地方的仕紳、豪強，也常因自身利益考量，向日本政府靠攏，貢獻自身土地金錢，以利政府推動政策、施行建設；而另一方面，獲頒紳章者多被納入地方行政組織中，擔任街、庄長等公職，延續清代的仕紳功能，再次成為協辦地方行政事務的社會領導階層。紳章制度，可說是對總督府與仕紳名門雙方互利互惠的模式。一直到１９２６年，紳章已發行至１４３５號，日後再無新發給紳章案例，該制度才逐漸式微。

為了籠絡舊時代地方菁英，紳章頒發的對象眾多，也不乏對殖民政府有異議者，如黃呈聰接獲頒紳章後，相當不以為意，稱之為「臭狗牌」。不過，基本上紳章制度對一般人而言仍具有獎勵的意味，而總督府也有意將其視為「利益交換」、「典範」，因此除了舊時代取得科舉功名、軍功顯赫者，富商、富農也得以進入紳士之流，如台南富商王雪農，因其資產達三十萬圓，於１９１４年由台灣總督佐久間左馬太授予紳章，為台南廳授予紳章第一人。總督府委託鷹取田一郎編纂《台灣列紳傳》，記載了獲頒紳章的「仕紳菁英」，大有表彰之意，名列書中則晉升為新仕紳階級。

KEY POINT 08 新式教育下的知識階層

「近代學校」、「新式教育」的概念，最初來自於18世紀末到19世紀的歐洲，民族國家建立後，藉由普及國民教育，傳遞國家的理念及意識形態，以達成國民精神、智識上的統合。１８９５年日本統治台灣以後，為了統治的正當性、便利性，在台灣建立新式教育。

然而，在上學還不是普遍的概念，更不是義務的時候，該如何吸引一般民眾上學呢？除了提供獎勵制度外，對於仕紳、商人子弟來說，教育是他們立足新政府的最佳途徑。曾接受過日本新式教育的台灣人，日後多在各個領域中嶄露頭角，如台灣醫學之父杜聰明、有台灣近代第一位音樂家之稱的張福興。除此之外，１９２０年以後，還有一批以吳三連、楊肇嘉、葉榮

鐘等人為首的新知識份子，他們具備近代知識涵養，逐漸取代了科舉功名、書房私塾等傳統漢學教育出身的地方菁英，周旋於政府與一般民眾之間，推動台灣民族主義思潮的啟蒙，從事社會運動。

豐原廖家祖籍廣東陸豐，世居大湳仔。廖西東因通曉日語，1910年起任台中廳通譯，1917年獲頒紳章，擔任首任豐原街長、台中州協議員，子廖忠雄畢業於早稻田大學政治經濟科，承襲父志，曾四度任豐原鎮長，改制後的豐原市市長，前後長達17年。廖家父子皆通曉日語，廖忠雄留學日本，並與日人友好互動，而頗受地方政府重視，1906年時任台中廳長的佐藤謙太郎，也將其千金廖節（婚前名佐藤節子）嫁予廖忠雄，顯示廖家在地方頗具盛名，深獲各界信任。其後代也各個大有來頭，有前台中縣長廖了以，及中研院院士廖一久。

KEY POINT 09 舊五大v.s新五大

台灣經常提到的望族，大致可以以1945年做一分水嶺，分為舊五大家族及新五大家族。所謂舊五大家族，是起源於清代，壯大於日治時期，從北至南分別為基隆顏家、板橋林家、霧峰林家、鹿港辜家，以及高雄陳家。台灣社會的五大家族崛起，與產業經濟有著密不可分的關係。霧峰林家、板橋林家致富早，前者從事邊區開墾，藉由為清廷政府打下的軍功，取得各項專賣權利；後者則由小商販起家，後開發土地，躍身北台灣的大地主。高雄陳家則是約在清末開港通商後崛起，靠著糖業貿易而致富。

鹿港辜家與基隆顏家，則是到日治時期才發跡，辜顯榮引日軍進台北城，獲得日本政府的信任，後取得鹽的專賣權而致富；顏家則是承租日本人藤田組的採礦權發家。因此可以歸納出日治時期以前大家族的出現，多半與土地開發、產業貿易及與政府關係良好有關。

戰後，常有人會提到新五大家族，這個新五大究竟是哪五家？其實眾說紛紜，常見的說法有連戰家族、國泰集團蔡家、新光集團吳家、台南幫統一集團吳家、永豐餘何家，另外，台塑王家、遠東徐家、和信中信辜家，亦或是大同集團林家也經常名列其中。連戰家族在日治時期前往中國，終戰後以半山身份返台，與國民黨政權有著千絲萬縷的關聯，在台受到重用；其餘皆是商業起家，新五大家族的崛起背後反映的是台灣政治環境變化及產業轉型。國民政府遷台後，舊五大家族看似已經沉寂於時間長河下，其實仍穩定推動著台灣社會的前進，像是高雄陳家後代的陳啟清、陳田錨，皆在商界及政治界影響甚鉅。

KEY POINT 10 半山的勢力圈

日治時期前往中國居住，在二戰結束後返回台灣的人士，被稱之為「半山」。重返台灣後，這些半山人士被視作抗日英雄般對待，被任命為政治要職，反倒是從未離開本土的台灣人，卻因為接受過殖民統治，而不受待見。1946年陳儀提出地方自治，籌組台灣省參議會，林獻堂雖不負眾望當選第一屆議長，卻因政治因素，最後將議長之席讓給了半山的黃朝琴。戰後初始，本省人就因半山坐擁大權一事，引得極大的不滿。

半山深知國民政府在中國的情況，卻未替本省人著想，只為了自己的私慾而向國民政府靠攏。吳濁流的《台灣連翹》中提到，半山在

二二八事件中將本省菁英名單交給台灣行政長官公署，因而受到政府的信任，眼見半山協助外省人對抗本省人，大大抹煞了本省人與半山間僅存的一點信任。

連戰祖父連橫曾於板橋林家任文書工作，其父連震東也在板橋林家的資助下前往日本留學，嗣後連震東前往中國，拜張繼為師，進入國民黨，在中國處理台灣問題，1945年返台後，受到重用，在國民黨政權下任高官直至逝世，其子連戰曾當選第九屆副總統，亦為國民黨榮譽主席。

然而，不是每位半山都如同連震東及其家族這般幸運。李友邦出身蘆洲李家，李家的原籍在福建省泉州府同安縣，於乾隆晚期來台發展，因經商有道，且後代李士實科舉取得功名，蔚為地方望族。

李友邦出生於日治時期，就讀台北師範學校，曾在1923年加入林獻堂等人組建的台灣文化協會，然而翌年即因夜襲派出所遭到通緝，潛逃至中國。爾後進入黃埔軍校，加入國民黨。李友邦終其一生致力抗日運動，在1938年於浙江組建台灣義勇隊，隔兩年又籌組報刊，積極宣揚台灣獨立，復歸中國。1945年李友邦返台後，卻屢遭政府猜忌，多次入獄，並在1952年遭處死。戰後的政治局勢步步為營，半山集團雖權傾一時，終究在國民政府大批的外省權貴當前，僅是陪襯的角色，隨著國民政府因國共內戰遷台，多數半山在政治上的勢力逐漸瓦解，轉而向其他領域發展。

參考資料

王學新，〈日治時期紳章的作用〉，擷取日期：2022年10月6日。

李佩蓁，〈依附抑合作？清末台灣南部口岸買辦商人的雙重角色（1860 – 1895）〉，《台灣史研究》20:2（2013年6月）。

吳文星，《日治時期台灣的社會領導階層》（台北：五南，2008年）。

吳學明，《金廣福墾隘研究》，（新竹縣：新竹縣立文化局，2000年）。

吳學明，《地方菁英與地域社會 姜阿新與北埔》，（新竹縣：新竹縣文化局，2008年）。

吳濁流著、鍾肇政譯，《台灣連翹》，（台北市：前衛，1988年）。

陳柔縉，《總裁的親戚：揭開台灣權貴家族的臍帶與裙帶關係》，（台北：麥田，2022年）。

陳翠蓮，《重構228》，（新北市：衛城，2017年）。

許佩賢，《太陽旗下的魔法學校：日治台灣新式教育的誕生》（新北市：東村，2012年）。

張炎憲等，《台灣史與台灣史料（二）》（台北：吳三連基金會，1995年）。

張隆志，《族群關係與鄉村台灣：一個清代台灣平埔族群史的重建和理解》，（台北市：台大出版委員會，1991年）。

黃富三，《台灣水田化運動先驅施世榜家族史》，（南投：國史館台灣文獻館，2006年）。

楊維真，楊宇勛，《嘉義縣志》，（嘉義縣：嘉義縣政府，2009年）。

鄭螢憶，〈王朝體制與熟番身分：清代台灣的番人分類與地方社會〉，（台北：國立政治大學台灣史研究所博士論文，2017）。

戴月芳，《台灣大家族》，（台北：台灣書房，2012年）。

鷹取田一郎，《台灣列紳傳》（桃園：華夏書坊，2009年）。

WOMEN IN GREAT CLANS

閨門身影

台灣望族女子圖鑑

WOMEN IN GREAT CLANS

文字—許雅玲

插畫—zoolavie

今日台灣社會，家族的規模與結構日益縮小，對很多當代人來說，過往的三、四代同堂，恐怕早已是陌生的情境。更遑論早期有些地方望族，不僅多代同堂，還有相當複雜的家庭結構和人際關係，如父系兄弟、叔伯開枝散葉的龐大族系，因母系聯姻而構築成的人際網絡，同時還有因個人娶妻納妾所產生的嫡、庶母階序，再加上因重視血脈繼承而從家族內外收養的養子女，交織出多樣的人生故事。

俗話說「侯門深似海」，過往富豪望族很少主動揭露私人生活面貌，外界只能透過耳語、臆測來推想他們的生活。近年，隨著回憶錄、口述歷史、日記等史料逐漸被整理、出版，我們得以從中探索早年台灣望族的種種生活樣態，從家族內部成員的組成、彼此之間的互動關係、日常禮儀、教育等，乃至於對外與其他家族的聯姻，所連結而成的政商人脈網絡。同時，也正因如此，過往隱身於閨門之後的望族女性身影，開始一一現身，她們可能是祖母、妻子、侍妾、女兒，也可能是查某嫺、養女、情婦。很多人開始注意到這些女性在家族中扮演的角色和關係，乃至於她們在時代、政局移轉下，個人的生命際遇。

例如近年因白色恐怖研究，而重新被注意的辜顏碧霞（1914—2000）。1932年嫁給辜顯榮四子辜岳甫為妻的她，才結婚短短四年，辜岳甫即不幸英年早逝，隔年又接連遇到公公辜顯榮過世、分家，她與子女雖分得高砂鐵工廠，得以支持家計。但不久又在1950年受到家庭教師呂赫若的牽連，被國防部保密局（情報局前身）逮捕，高砂鐵工廠也因此被沒收，五年後才得以被釋放。失去丈夫的依靠後，辜顏碧霞雖貴為鹿港辜家的媳婦，但在分產、受政治案牽連的過程中，嚐盡了人情冷暖。

而林獻堂的妻子楊水心（1882—1957），在家族作風普遍保守的林家中，由於林獻堂作風開明，鼓勵家中女眷獲取新知、參與公眾事務，身為妻子的她因此得以在操持家務之餘，參與地方婦女的聯誼活動，以及霧峰林家的「一新會」。平日可以自行到台中逛街、甚

許雅玲

台灣大學歷史學系學士、政治大學台灣史研究所碩士，現為自由工作者。喜歡古物與老港片，正在實踐自己從南投到雲林，再到台北的女子圖鑑。合著《圖解台灣史》、《黑色怪譚：讓你害怕的，真的是鬼嗎？》、《社會事-權勢者的勝利手冊：台灣地方政治史的50個關鍵字》。

至在沒有林獻堂的陪伴下多次出國旅遊。同時，她更因為長期書寫日記，保留了豐富的資訊，讓後人得一探她人生不同時段的足跡與身影。

然而有些女性由於出身背景和地位關係，注定只能留下扁平的記憶，像是家族裡的侍妾或養女，她們的人生得仰賴願意善待她們的丈夫，或者有出息的子女，才可能提升自己在家中的地位和待遇。特別是在重視傳統禮數的家族裡，身為妾室的女性，即便生前生活再怎麼養尊處優，但在人生重要的生命禮俗，規格都比夫和正妻矮了一截。如霧峰林家，就曾發生過現代人難以想像的情景：林朝棟的妾張素玉過世後，按禮數在出殯時，靈柩不能由正門抬出，其子林資詮為了希望母親走得體面，便先向嫡母楊水萍請示，之後趴在張素玉的棺木上，靈柩在這樣的護送下，方能夠從正門送出。

嫁入望族就能飛上枝頭做鳳凰嗎？這些女性嫁為人妻之後，又過著哪種生活、肩負哪些任務呢？透過四位從清代至戰後，嫁至台灣各地望族家庭的女性，來看望族女子在不同時代背景、人生情境下的抉擇與發展。

1848-1930

楊水萍

霧峰林家的一品夫人

楊水萍出身彰化書香門第，先祖楊志申為清初開發彰化地區的重要人物之一。她在21歲時嫁給小她3歲的林朝棟，當時林朝棟所屬的霧峰林家下厝，才剛歷經林文察（林朝棟父親）戰死沙場的衝擊，婚後不久，叔父林文明又因勢力擴張受到官方忌憚，而被設局在彰化縣公堂就地正法。接連的打擊，當時的林家可說是命懸一線。

之後林家下厝一系有長達十餘年的時間，忙於為林文明平反的京控訟案。在此族運低迷之際，楊水萍勉勵本性尚武好鬥的林朝棟靜心讀書，以考取功名。林朝棟雖然未因此在科場上有所斬獲，但經過長時間的韜光養晦和砥礪後，時運和能力終於使林朝棟將家族再度帶向顛峰。

他先是在1881～1882年間，主動出面提供人力、錢財，協助福建巡撫岑毓英修築大甲溪橋、堤防，受到賞識。不久，1884年台灣遭逢清法戰爭，法軍將戰場延伸至台灣北部。在戰事膠著之時，林朝棟帶領鄉勇，在基隆獅球嶺擊退法軍，因功晉升為道員，同時受到劉銘傳重用，1885年台灣建省後，林朝棟被委以開山撫番、協助清丈土地等重要任務，並因此擴張其自身在中北部沿山的樟腦事業，賺取大量財富。

在此過程中，使林家後人最為津津樂道的是，楊水萍的賢慧不僅止於早年勸勉林朝棟求學向上，當林朝棟在清法戰爭、開山撫番的戰場上陷於苦戰時，傳說楊水萍收到消息後，便率領家丁，親赴戰場為丈夫殺出重圍，並因此被封為「一品夫人」。一品夫人之事雖未見於史籍記載，但由此可看出楊水萍在林家地位之崇隆。

林家的長幼主從觀念相當嚴明，楊水萍中晚年時，儼然已是家長，決裁家內大小事務，特別是1903年林朝棟過世之後。平日家中子女、媳婦每日需按時向朝棟媽（楊水萍）請安，平常家中女眷、婢女也需仔細伺候她的日常起居、娛樂，如打麻將、抽水煙。許多林家後代回憶起日治時期面見楊水萍時的緊張謹慎，不難想像當時楊水萍仍保有早年官夫人的威儀。

楊水萍對於霧峰林家的影響，不僅止於扭轉家運，往後兩家也多有事業上的合作，並持續聯姻，親上加親。如楊水萍的堂弟楊吉臣，早年曾擔任林朝棟的部屬；同家族的楊水心姊妹，分別嫁給林獻堂、林資彬（林文察孫），楊吉臣之孫楊景山娶林朝棟孫女林雙全。

黃旺成的紅玫瑰與白玫瑰

1889-1963

林玉盞

日治時期新竹知識份子黃旺成（1888－1979），1911年自台灣總督府國語學校師範部（台北市立大學、國立台北教育大學前身）畢業後，曾擔任新竹公學校教師、商人、蔡蓮舫家族的家庭教師等職，後投入台灣文化協會的演講活動，並擔任《台灣民報》記者。他一生長期保有書寫日記的習慣，且對於生活細節的記載詳實且廣泛，從物價、時局、求職、家庭生活、娛樂、交遊，乃至於自己的感情世界。也因為如此，後人才能一探他在新舊價值觀交替下的矛盾婚姻觀念。

也許是自身個性與接受新式教育使然，黃旺成相當渴望浪漫愛情，期待與另一半有心靈的深層交流，如在1910年代的日記，常可看到他和新婚的林玉盞在房間聊天、調笑大半天。但他很快就不滿意這個不識字、由父母做媒而成婚的妻子，不僅開始覺得跟妻子話不投機，也經常在日記顯露對妻子種種無來由的嫌棄，甚至動輒責打妻子。

當他後來遇到受過新式教育，且個性自主獨立的新女性李招治時，黃旺成可說是一生為之魂牽夢縈。李招治在1911~1912年間曾為黃旺成在新竹公學校的同事，但很快因結婚等因素離職。後來兩人在1928年因友人介紹而重逢，李招治再度踏入黃旺成的交際圈。此時的李招治雖然守寡，但因為以產婆為業，生活無虞，相當活躍於當時的男性社交圈。

黃旺成在道德責任與家庭和諧等考量下，並未像當時他許多友人一樣納妾，而是選擇與林玉盞終老，但又長期私下與李招治交往。然而，他仍不時會在日記中透露他對這兩位女性觀感上的矛盾，如早年在日記中充斥著各種對林玉盞嫌棄至極的詞彙「笨拙」、「笨婦」、「蠢婦」、「蠢物」等，與李招治交往後，反而開始稱她為「玉」、「玉君」。

在這段三角關係中看似被動的林玉盞，她是怎麼看待這段婚姻呢？即便林玉盞本人未曾書寫下任何文字，然而從她的家庭背景，及黃旺成日記中的描述，仍可看出一些端倪。

首先，林玉盞的娘家是新竹一帶歷史悠久的郊商，開業於乾隆年間，且在新竹商人團體中扮演重要角色。黃旺成的日記經常會看到他提及「泉興」，泉興其實就是林玉盞娘家商鋪的店號「林泉興」。林家家境富裕，但對林玉盞的教養相當傳統，不僅得纏足，也未讓林玉盞受任何教育。然而從日記來看，林玉盞婚後與娘家關係並未受傳統禮節約束，仍然非常密切，以一個當時嫁作人婦的女性而言，她的行動也相當自由。

如她婚後常可外出看戲，或經常回娘家走動、祭祖，黃旺成也因此常受到岳家招待，乃至於物資饋贈。而在兩人生兒育女後，林玉盞的娘家家人更長期協助其養育子女，黃旺成便常在日記中提到，妻子與小孩在泉興過夜；或自己在公事之餘，到泉興接妻小回家。對於青年時期曾多次轉換工作，後來在1930、1940年代又因社會運動曾被拘捕、逃亡的黃旺成來說，妻子與娘家的互動有助於家務和經濟，長期下來累積相當可觀的支持。

黃旺成偶爾會對妻子看戲夜歸生氣，但整體而言，他對妻子的行動自由並無太多意見。但在長期被輕賤的情況下，林玉盞也許早已察覺丈夫的厭棄，只好把心思轉移到兒女及娘家，另尋情感寄託。而這長期蟄伏的不快，終於在1929年底，隨著林玉盞逐漸知悉黃旺成心中另有所屬而爆發，但黃旺成並未改變心意，即便後來兩人因此屢有齟齬，甚至透過兒子黃繼圖監視其行蹤，卻始終對黃旺成無可奈何。

黃金川出身台南鹽水望族，家族在當地經營糖廍、當鋪起家，兄長為戰後知名政治人物黃朝琴。黃金川為家中么女，出生不久父親黃宗海即因病去世。幼年時，她即因兄長黃朝琴、黃朝碧前往日本留學，而隨母親蔡寅舉家遷至日本居住，至18歲中學畢業後，才返回台灣。

黃金川雖然成長於日本，但受到母親的學養薰陶，回台後又受業於著名的府城文人施梅樵門下，因此仍保有深厚漢學基礎，她在婚前就有相當豐富的詩詞創作，成為地方上著名的女詩人，並於1930年，在上海中華書局出版《金川詩草》。這樣才華洋溢的女子，自然也是當時名門望族注意的婚嫁對象。

23歲時，母親與兄長將她許配給高雄富商陳中和的八子陳啟清。對於這門親事，黃金川一開始相當遲疑，雖然陳啟清人品受到母親與哥哥肯定，況且陳啟清畢業於明治大學法學科，與黃家子女同樣有留學日本背景。但陳啟清在此之前已歷經娶妻、喪偶，並有陳田錨一子，她擔心若當不好繼母，容易落人話柄。然而個性細膩的黃金川，婚後對於陳田錨及自己所生的七名子女不僅一視同仁，日後也與長子陳田錨一家感情深篤。

這門親事除了男女雙方生長背景、學識匹配外，更重要的是對彼此家族事業都有加乘效果。戰後實施影響本土地主深遠的「三七五減租」、「耕者有其田」政策時，黃陳兩家因政經身分優勢得以洞燭機先，如陳啟清將家中土地資產轉換為台灣水泥公司股份，成為台泥民營化後的重要股東之一。而黃朝琴在擔任台灣省參議會（台灣省議會）議長期間，1947年主導台灣商工銀行（第一商業銀行前身）的接收與重組，1949年改組為第一商業銀行後，陳啟清被政府指派為官股董事之一，後於1972～1976年間擔任董事長。1962年黃朝琴創立國賓大飯店，陳啟清為創始股東之一，長年為董事會成員，更曾於1988～1989年間代理董事長。兩家合作關係之緊密，可見一斑。

那麼，黃金川在兩家聯姻中扮演什麼角色？她又怎麼看待自己的人生與家庭生活？從親人的回憶

1907-1990

閨閣中的詩人母親

黃金川

來看，她很少參與兩家的對外事務，大多留在高雄養兒育女，閒暇時結交高雄地區的女性知識份子，一同作詩唱和。家族的事業由陳啟清獨自在高雄、台北兩地奔走，黃金川僅偶爾隨丈夫、子女北上探親。陳啟清在台北長年發展之後，晚年另娶一側室李阿雪，在台北照料他的生活，這件事也隨著陳啟清1989年過世後浮上檯面。

從子女的回憶及黃金川的詩作可以看到，她受到母親蔡寅影響，重視女權，也曾對自己的人生有過遠大抱負。她曾在婚前賦詩〈女學生〉：「詎甘綉閣久埋頭，負笈京師萬里遊。雌伏胸愁無點墨，雄飛迹可遍寰球。書深莫被文明誤，學苦須從哲理求。安得女權平等日，漫將天賦付東流。」抒發對當時社會性別觀的不滿與期待。

年輕時就走入家庭的她，無法實現詩作夢想，將期望寄託於子女身上，她的子女陳田錨、陳秋蟾回憶幼年，母親不僅氣質高雅，且勤於敦促課業，甚至會親赴子女教室監看上課情形。然而在陳田錨的描述下，母親不是只有嚴格的一面；陳田錨在所有科目中最不擅長美術，有天，黃金川看到他的畫作實在看不下去，就幫他添筆修整，隔天陳田錨反而意外被老師公開褒賞，讓他覺得相當不好意思。

除卻未能出社會發揮長才的遺憾，在子女和外人心中，黃金川是名幸福的女性，只可惜她一生體弱多病，晚年更因腦瘤纏綿病塌多年，終至過世。

1904-2000

浴火重生的孔雀

劉玉英

劉玉英出身新竹文人家庭，父親劉鏡寰在新竹望族鄭用錫家族中，擔任鄭神寶文書，劉鏡寰在劉玉英出生前，曾娶鄭家的女眷鄭銀為妻，但不幸早逝，後來另娶薛芍續絃，才生下劉玉英、劉玉婉兩姐妹。念舊的鄭家人始終將劉鏡寰一家人視為姻親，劉玉英也因此從小在鄭家北郭園生活長大。幼年時活潑可愛的她，在鄰里間受到注目，被年紀相仿的男孩們稱為「北郭園的孔雀」。

劉玉英與鄭家妻妾們感情甚篤，同時也眼見她們因出身、身分、個性有不同境遇，在回憶中常會透露出對這些長輩的同情，這可能是她後來從事婦女工作的契機之一。她從新竹公學校畢業後，先後進入台北女子高等普通學校（台北第三高等女學校、中山女中前身）、台北第三高等女學校師範科就讀，18歲畢業後曾在新竹女子公學校、新竹第二幼稚園分別擔任教師和園長。

劉玉英出社會工作後，有不少名門望族向她母親提親，但對於素未謀面的各方人士，家中人丁單薄的母女不免擔心所託非人。後來劉玉英小學同學李荇推薦自己的堂哥李澤祈，兩人正式相親、見面後，劉玉英欣賞其誠懇博學的人格特質，便於1928年嫁給李澤祈。

李澤祈是新竹街（今新竹市）雜貨商李樹勛次子，李家家境殷實，且重視子女教育，李樹勛分別讓膝下的四子二女在台灣、日本接受新式教育。李澤祈在廣島高等師範學校畢業後，在廣島縣府中市的中學任教。值得一提的是，李澤祈三弟為著名的畫家李澤藩，李澤藩的次子為著名科學家李遠哲。

劉玉英婚後隨李澤祈赴日本居住，生活幸福甜蜜。好景不常，1940年一次偶然的拔牙感染，使李澤祈健康急轉直下，在短短時間裡便因敗血症去世，留下傷心欲絕的劉玉英與四名年幼子女。

回到台灣後，劉玉英決心守寡，並靠自己的能力重新回到幼稚園任教，熱心公共事務的她，戰後因為人際網絡等關係，先後投入婦聯會新竹分會理事、新竹縣議員、國小校長、保險公司主任等工作，至1970年代才逐漸退下職業生涯的舞台。

對於李家其他房的晚輩來說，劉玉英母代父職且忙於事業，未能深入參與家庭事務，但這位「二伯母」作為新竹縣婦女會長，總是耐心聆聽婦女困境與心聲。最為晚輩稱許的，是劉玉英對於不幸的婦女不會以「以和為貴」、「家和萬事興」的鄉愿觀點，要求她們繼續忍耐生活困境，而是透過法律、輔導求職等方式，協助婚姻失和的婦女、受虐待的養女，能夠以離婚自立方式，解決人生中遭遇的困難。

劉玉英也曾自陳自己不符合傳統母親形象，幸好子女個性獨立，各自都能安然成長成材。然而在家族中，劉玉英因個性熱情且善解人意，經常調解其他房親戚的家庭紛爭，更在退休後將同輩叔伯妯娌組成旅遊團，透過遊山玩水，排解成員們因夫妻失和、生老病死而起的消沉情緒。

參考資料

《中國時報》

《聯合報》

李毓嵐，〈丈夫日記中的妻子與情人—以楊水心、林玉盞、李招治為例〉，《興大人文學報》65期（2020年9月）。

李毓嵐，〈林獻堂生活中的女性〉，《興大歷史學報》，24期（2012年6月），。

林玉茹，《清代竹塹地區的在地商人及其活動網絡》（台北：聯經，2000）。

許雪姬，〈「台灣日記研究」的回顧與展望〉，《台灣史研究》22卷1期（2015年3月）。

許雪姬編著，許雪姬、王美雪紀錄，《霧峰林家相關人物訪談記錄（下厝篇）》（豐原：台中縣立文化中心，1998）。

許雪姬編著，許雪姬、王美雪紀錄，《霧峰林家相關人物訪談記錄（頂厝篇）》（豐原：台中縣立文化中心，1998）

陳柔縉，《總統的親戚—揭開台灣權貴家族的臍帶與裙帶關係》（台北：麥田，2022）。

陳啟清先生慈善基金會編，《壯麗之旅—陳啟清先生八十七載光源》（高雄：編者，1992）。

陳啟清先生慈善基金會編，《靜對遙峰—閨秀詩人金川女士紀念集》（高雄：編者，1993）。

黃旺成作，許雪姬編著，「黃旺成先生日記」，中央研究院台灣史研究所台灣日記知識庫。

黃金川原著，羅宗濤總審訂，鄭文惠主編，《金川詩草百首鑑賞》（台北：文史哲，1997）。

黃富三，〈林朝棟與清季台灣樟腦業之復興〉，《台灣史研究》23卷2期（2016年6月）。

黃富三，《霧峰林家的中挫（1861-1885）》（台北：自立晚報，1992）。

黃富三，「林朝棟」，台灣大百科全書。

黃朝琴著，王紹齋編，《我的回憶》（台北：黃陳印蓮發行，1981）。

戴寶村，《陳中和家族史》（台北：玉山社，2008）。

顧雅文，「楊吉臣」，2022TBDB 台灣歷史人物傳記資料庫。

憑水利與糖業崛起之打貓男子成功記

文字—曹沛雯　攝影—郭宛諭　圖片提供—陳育儷

我們如何透過前人的相機鏡頭，一窺一座城鄉的歷史以及它發展的脈絡？在嘉義民雄，當地正進行著老照片徵集與展覽。翻開沉睡已久的相本，除了歷史事件、常民生活、農村風光，更打開了一個裝滿昔日地方望族家族故事的時光盒。

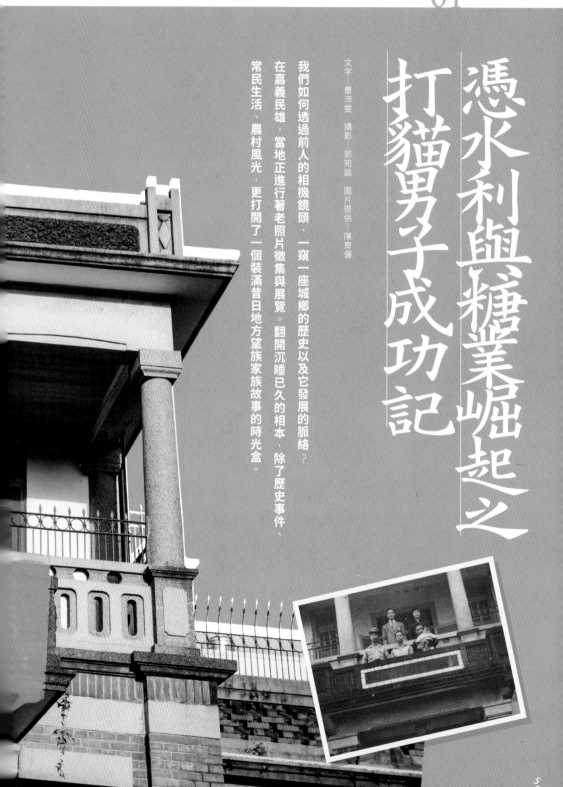

AFTER THAT

家族大事紀

走進位於三興村的陳氏宗祠，首先映入眼簾的是外交大使孫習忍，以魏碑意象之厚謹楷體所揮毫的門聯，而門聯內容則由中正大學中文系老師毛文芳撰文。這是2019年初夏，陳家宗親有鑑於公廳素雅，提議敬懸吉瑞門聯，以彰顯祖德並勉勵後代。

毛文芳博學厚積，為明清文學研究享譽海內外名家，在蒐集鄉誌、造訪公廳、晤談親族人士後，並研讀了陳瓊瑤親撰的子孫淵源族譜，歷經數次修潤，完成門聯四副。除記載陳家先祖自康熙年間勇渡海峽來台拓墾精神，更包含後世子孫家業昌衍盛況，陳氏家史清晰可見。

1662～1722 第二代

根據陳氏家譜記載，二世太祖父寶官祖於康熙年間從漳州府平和縣大溪鎮山布村後社移民台灣，取妻平埔族潘氏。起初落腳打貓番社（今文隆村），繼住東勢湖北畔竹圍仔，又移住好收庄三角永，後再建室庄尾橋子頭，最後開墾厝地結庄，名為陳厝寮庄。生有五子，日後發現台灣亦生活不易，留下巧官公（字宗興），其餘四子返回平和縣大溪鎮生活。據宗族記錄在甲午戰爭前，對岸後代曾來台祭祖、掃墓。

1736～1901 第五代

傳至得意祖，生下三男，公字號「甘成」，為紀念來台打拼苦盡甘來，開墾有成。分枝鬮書號「智」、「仁」、「勇」，分枝後，長房與次房相議，將長房與次房自己該分之田，抽出存公立書田，兩房輪流祭祀，是號為「甘盛」。此後三房各號，長房號「智元」定南公、次房號「仁元」心正公、三房號「勇記」心同公。心正公次子陳斗詩（字穆如），在清朝戴潮

1923

陳聯滄結婚照

1927

陳聯薰學生照

1930

日本時代五穀王廟

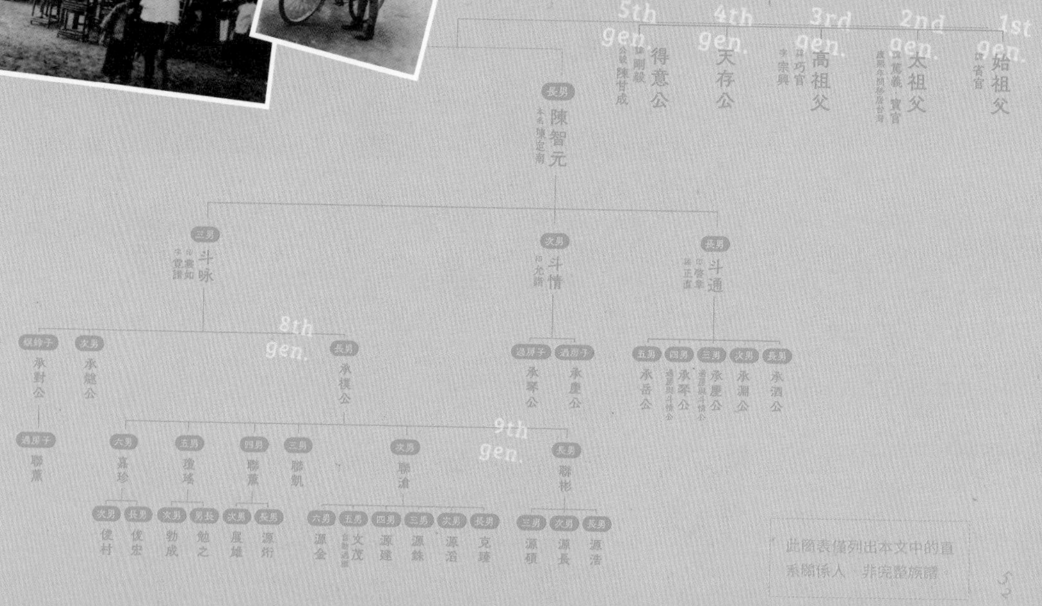

此階表僅列出本文中的直系關係人，非完整族譜

春事件期間立功，受賜七品官「訓導」。心正公長孫陳承立（字守中），修築好收圳三分汴，開圳灌溉。

1870～1945 第八代

陳實華（1870－1945），乳名承樸，字實華，私塾老師依其乳名「樸」取「物有華而不實，有實而不華」中的實而不華，為人有內涵而不空有其表。其父親陳斗咏，字霓譜，為「智」房號三子，清代庠生。陳實華6歲喪父，從小克苦耐勞，後因經營糖業及水利而累積財富。

陳實華從小就坐帳櫃看守錢箱，負責收錢的工作，長輩常交代不可以亂跑、離開帳櫃。由於陳實華當時年紀小，同年紀的小孩都會邀約玩遊戲，陳實華常會拒絕，並說「賊仔會來」。久而久之童伴間將他取一個外號「賊哩」，是「賊仔舍」名號的真正由來。

1920～2013 第九代

陳實華育有五子，長子陳聯彬及次子陳聯滄，同時在豐收村行醫開診所，考量衛生環境及房間不足，所以起造洋樓新屋。原本建築的左、右側塔樓在1945年二戰美軍大轟炸時期損毀，隔年將受損部分拆除，因而呈現今日樣貌。

2013年陳聯彬後代，委託叔父陳瓊瑤與五穀王廟管理委員會主委陳茂喜協商，將產權轉移廟方。經廟方整修後，連同庭院改為「五穀王廟景觀公園」，洋樓建築一樓供廟方會議使用，公園開放居民休憩。

1956
洋樓一樓外

陳厝寮 陳甘成世系簡表

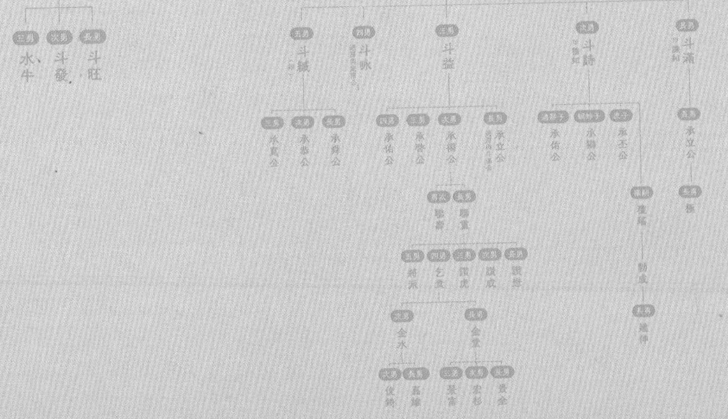

陳聯薰照片數量豐富，連續兩年與「重構大學路計畫」合作，展出不同主題的攝影展。

由中正大學傳播學系老師管中祥所帶領的「重構大學路計畫」，邀集師生及在地居民組成工作團隊，以深度訪談、田野調查、活動、講堂、工作坊等方式，帶領大家認識自己腳下的這片土地。

其中的一項工作便是老照片徵集、數位化建檔與主題策展，逐步建構出貼近在地的記憶與歷史。而在這些老照片當中，包含大量民雄在地望族陳家後人——陳聯薰的攝影作品。

打開望族文藝青年的影像事件簿

陳聯薰於洋樓前的診所留影。

「烈風光影陳聯薰個展—家鄉紀錄者」，今年9月開始在中正大學藝文中心展出，這日來到現場為大家導覽的，是熟悉家族故事與家族文物的陳家後代陳景全。「我們家在我8歲那年剛好輪值家族祭祀，當時才知道原來自己是出生於清代就小有規模的地方望族，有當過秀才的祖先，還有『番仔祖媽』的特殊血統，於是燃起我對家族的好奇。」多年來，他與胞弟陳景富陸續挖掘到更多有關家鄉與家族的歷史，遇到好奇之處，就去找族中耆老陳瓊瑤叔公祖泡茶聊天，聽叔公祖講述更多陳家後代的故事及生活軼事。

追尋家族故事的過程當中，陳景全、陳景富兄弟兩人意外發現大量陳聯薰叔公祖拍攝的照片，及其蒐藏的蟲膠，發現這位叔公祖根本是個超級文青！陳聯薰為陳實華四子，日治時期留學日本東京法政大學，長年任職於學校教學英文，除了熱愛攝影、登山、聽蟲膠，還為嘉義多所學校譜寫校歌；長年拍攝的照片量多達90餘本相簿，且面向極廣，於是便與中正大學「重構大學路計畫」合作，將部分照片數位化。在物資缺乏、相機尚未普及的時代，陳聯薰為嘉義、民雄留下許多珍貴

管中祥和策展團隊成員，藉由陳聯薰的老照片，更加了解民雄在地文史。

影像，除了民俗文化、農村風景、社會事件、生活遊記、人物沙龍等昔日風情，更展現家族的生活風貌。

一座矗立於鄉間的總統府

民雄鄉三興村舊名陳厝寮庄，根據陳氏的家譜記載，清代乾隆年間陳氏祖先就在此種植甘蔗及製糖發跡，共經營三所糖廍（中正大學西北側門外的「溪底廍」聚落即其一所在）。戰後，陳厝寮與溪底廍、葉仔寮三部落結為一村，改稱為「三興村」。由於陳家為早期民雄豐收、三興一帶拓荒者，掌握了豐富地方資源，傳至得意祖時事業更加壯大，將房號傳給三子分別為智、仁、勇三條分支，各自開枝散葉，陳氏家族也變得壯大富有。

右：洋樓二樓的精巧和室，過去多用來招待賓客。｜左：陳氏宗祠於2019年整修，是維繫家族向心力之地。

今日在豐收村好收聚落中的陳實華洋樓，即由智房號的後代陳實華所建。由於長子陳聯彬在家中經營醫院，考量衛生環境及房間不足，因而有起造新屋的想法，原本陳實華想蓋傳統閩南式建築，但陳聯彬覺得傳統建築建造工期長，又當時常到台北與日本人有生意往來，因而接觸到新穎的建築工法，故最後也採納陳聯彬建議，決定聘請日籍建築師協助設計建造洋樓。

造型典雅的建築外觀，最大特徵就是紅磚與灰白色飾帶相間，是當時流行的「辰野式」風格。且兩側有塔樓，立面看起來神似稍早落成的總督府（今總統府）。一樓正門廳堂是神明廳與招待賓客用的大廳，更裡面是家人平日活動的內廳。而正門左右兩側各有四間房間，兩側廊間各有一處轉角廂房，相傳過去曾為陳家練武室。循著木造階梯往上，二樓主樓前方可望遠賞景，據傳可遠眺整個村落，後方和室可攬中央山脈，則用於招待日本賓客，兩側塔樓做為琴房及繡房使用。

曾有謠言陳實華在院子發現盜賊所埋藏的黃金而致富，還因此得到「阿賊仔舍」的稱呼。但陳景全表示，祖先墓園墓碑多有雕花，且保存完整，其中幾位先人更有官銜及政府賜予之頭銜，可見陳家歷代已積富多時，並不是外界所謠傳因意外之財而致富。尤其陳實華憑藉開發當地水利設施，再加上與大林新高製糖會社合作展開製糖事業，更讓陳家愈益飛黃騰達。

洋樓最後的燦爛時光

右：早年診所的建築仍保留著，現為家人自用空間。｜左：原本洋樓二樓有塔樓，後於二戰轟炸期間毀損、拆除。

陳實華五子陳瓊瑤一家，是最後住在洋樓的人。陳瓊瑤之子陳勃成回憶長輩所述往事，「早時住在洋樓的人多到要分批吃飯，像公園一樣大的庭院有雞、鴨，遍地都種滿了梨子、龍眼、芒果、葡萄、香蕉、芭樂、枇杷等果樹。」門庭若市的豪宅，在各房家人紛紛移居外地後沉寂了下來，最後剩下奶奶、父親、母親、兩個姊姊及陳勃成等一家六口。

陳勃成與姊姊們在高中畢業後，陸續離開民雄到台北念書、就業或居美，陳瓊瑤也在40多年前搬出古厝，在洋樓前方另起新屋，洋樓則做為家族祭祀及招待的空間。而為讓洋樓獲得更妥善的維護與利用，陳聯彬後代委託陳瓊瑤與當地信仰中心「五穀王廟」協商，將產權轉移廟方，期望由五穀王神農大帝繼續庇佑這座美麗的望族洋樓，與陳家的世世代代。

眼科醫術名聞全台

日治時期民雄三大富豪，當地人稱之「三大舍」。第一舍何立，民雄鄉第一任鄉長，人稱「阿立仔舍」。第二舍陳實華，任五穀王廟主委，人稱「阿賊仔舍」。第三舍則是曾任溪口庄庄長的劉容如，人稱「劉員外」。

陳實華與當地信仰中心五穀王廟關係密切，1906年梅山大地震時，擔任五穀王廟管理者的陳實華除了籌款重建五穀王廟，並安置其他倒塌廟宇的神像。隔年，陳實華與當地富商劉延輝、蔡麟、許滄明、何立等籌備成立「有限責任打貓信用組合」（民雄農會的前身），對當地農民貢獻良多。

陳實華在事業上的一番成就，沒讓其子們懈怠等著坐享其成，個個勤奮上進。長子陳聯彬與次子陳聯滄是醫生，陳聯彬與五子陳瓊瑤都曾擔任鄉長。身為台灣知名眼科醫師的次子陳聯滄，還曾任民雄防護團副團長，眼睛手術名聞全台，並著《眼科學》及《磊園吟艸》（詩集）等著作。陳聯滄在豐收村執業時，連台西海口人都千里迢迢來求治砂眼，與台灣史上第一位醫學博士杜聰明是好友。陳景全曾聽父執輩言，二二八事件期間陳聯滄曾收留杜聰明來民雄避難。

重拾畫筆的後代

陳瓊瑤之妻在當地小學任教，放學後經常在洋樓裡幫學生從

事課後輔導，不少當地人都有過在洋樓老師家看書、寫作業的回憶。喜愛繪畫藝術的她，經常利用閒暇時光作畫，應是家學淵源使然。

其父是出生望族的民雄畫家劉新祿，當時目睹交往20餘年、亦師亦友的陳澄波在二二八事件中遭槍決於嘉義火車站前，身心俱創的劉新祿從嘉義回到民雄避風頭，且決定不再作畫。晚年因眼疾復發，向當時任職的嘉義縣教育局申請退休，回家重拾畫筆，並受聘於民雄高中兼任客座美術教師，開設「綠蔭畫室」，免費教授學生。

鳳梨村的演進

過去陳家先祖開墾的三興村，現今是滿山遍野的鳳梨園取代了過去的甘蔗田。村內目前大多數村民皆從事農業，鮮食鳳梨種植更佔大宗。不像一般農村青年人口外移嚴重，三興村有不少年輕人願意留在家鄉種鳳梨。

成功創造這項地方農業經濟的是台灣金鑽鳳梨之父、同時也是陳家後代陳憲星，他與在農試所工作的友人合作，成功開發出高品質的台農17號金鑽鳳梨，成為三興村農業轉型的關鍵，並曾獲得神農獎。目前三興村當地有名的鳳梨農：「鳳梨好田」的陳文取、「旺萊山」的陳映延，以及「琪琪健康舖」的陳至聖，都是陳家望族後代。

在修復長路上，做老宅的陪伴者

文字—王涵葳　攝影—薛穎琦　圖片提供—周友達

走訪新竹北門街，兩旁建築刻畫時代縮影，臨近城隍廟一端，能見被圍籬鷹架包覆的兩層樓建築物，這是由後代周友達整合產權的百年老屋，現正修復中的新竹市定古蹟——周益記宅。在老屋修復的已知途徑中，周益記的案例少有前例可循，憑藉民間的凝聚力，修復房子、文物，和活絡老街區文化的使命。

家族大事紀

周友達自小從祖母與父母談話間，耳聞家族過往一二，年紀尚幼不懂追問，因此不知故事全貌。然而，修繕周益記契機，得以讓他整理塵封舊物時，有如考古般挖掘剖面。經周友達十年探查，以長輩的口述故事為起點，從戶口名簿、《淡新檔案》、《日日新報》……等資料照片佐證記憶，逐步梳理出家族脈絡，更能從中一探往昔時代的文化、政經面向。

1846 第一代：來台設商號

周友達的家族出身自福建泉州武功周家，道光晚期，來台第一代的周嘉諒，帶著長子落腳於新竹太爺街開設「茶泰號」。太爺街意指縣太爺從衙門走到大街這段路，也是現在中央市場旁的西安街。

1859 第二代：經商投資

茶泰號由周嘉諒長子周冬福接續掌理。在咸豐末年，第二代變賣財產舉家遷台，協助商船販售到港貨品，以乾貨為最大宗。由於當時竹塹地區具地利優勢，與中國沿海距離較其他港口鄰近，更易於兩地通商貿易。因此從事「船頭行」的周家獲取資金後再投資開墾土地，從船貨買賣進而擁有田產。

1926 第三代：入住北門大街

時至日本時期，周家仍住在太爺街上，直到官方執行市區改正後才遷離。第三代周清泉娶地方望族李陵茂的後代李氏桔為妻，爾後李氏桔帶著養子周敏益，買下娘家家族李雪樵的北門大厝，經過整修後，在1926年正式入住，並請李雪樵的弟弟——書法家李逸樵在大厝正面題字「周益記」，展開家族故事的新篇章。

周敏益在書房

1928

周敏益與陳寶釵結婚

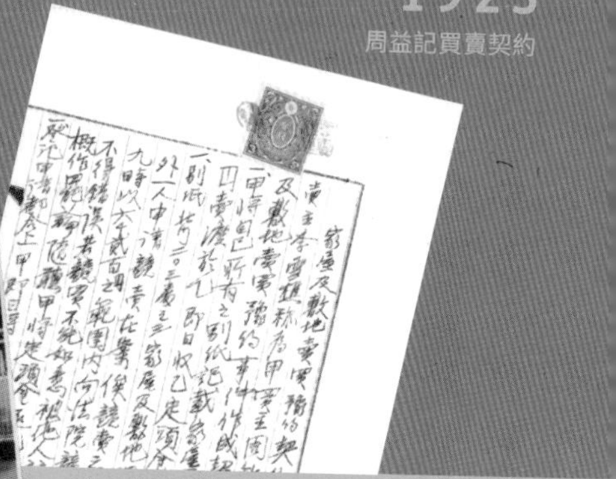

1923

周益記買賣契約

4th gen.

- 長男 周乃文 聰敏
- 次男 周席珍 1901-1978
- 三男 周敏益 1906-1951

5th gen.

- 長男 周聖徵
- 次男 周麟徵
- 三男 周宗正
- 四男 周宗武

6th gen.

- 長男 周友達
- 次男 周友誠

此族譜簡表，僅表現第一世到第六世周友達的直系關係人。

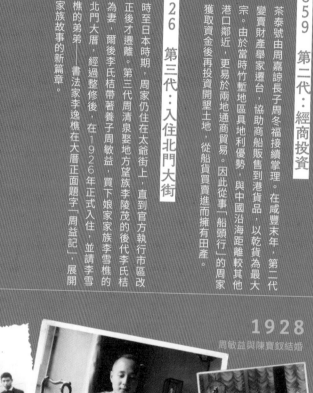

1928 第四代：結親陳天來家族

周友達曾在張德南《北門大街》一書中，看見曾祖母李氏桔的娘家家族穿著補服的合照，李氏家風保守，鼓勵後代多念書以功名團結家族勢力。反觀嫁給周敏益的周友達祖母陳寶釵，來自台北大稻埕經商的陳天來家族，家風相對開放下，陳寶釵的弟弟陳清汾曾至法國學習繪畫，影響了陳寶釵對洋派浪漫風格的喜好，使得周益記外觀和內裝的修築，有著文化融會的美學。

1981 第五代：舉家北遷

周益記裡最多曾住有近二十人，包含周敏益、陳寶釵與七位子女和傭人。當孩子漸長開始出外念書、工作，家中居住人口慢慢變少。在長子周聖徵一家搬回新竹前，一度只剩陳寶釵與傭人同住，而多數家人皆在台北定居。周聖徵在台北從事貿易，長時間通勤。1981年，決定連同母親陳寶釵全家遷居台北。

2011 第六代：整合產權持份

周友達自第五代父執輩手中整合產權，開啟周益記百年來的第四次整修。目前，周友達已移居新竹回到兒時場景生活，平時會到老街上閒逛聊天，有時去昔日眷村區域走走，聽聽街坊上保有的原鄉口音，種種都連接著他的往日回憶。他提及家人有時會在假日到新竹住上幾天，開始建立下一代周家人對這個家園的新記憶。

1961
周聖徵結婚於中庭合照

1972
家族成員於應接室

周益記族譜簡表

1st gen.
- 周嘉諒 章貞 1810-1849

2nd gen.
- 長男 周冬福 18??-1872
- 次男 周玉行 衡 1835-1872
- 三男 周玉樹 其華 1838-1892
- 四男 周其昌

3rd gen.
- 長男 周清雲 1868-1908
- 次男 周清松
- 三男 周清泉 石郵 1873-1909

對於老家，周友達如同多數人保有美好記憶。他回想在屋內廊下，有祖母坐在藤椅上看報紙乘涼；也有搬張小凳子在中庭，家人為弟弟慶生切蛋糕；還有晚間連續劇後，在銀色月光下賞盛開的曇花。周友達4～15歲的童年時光居住在周益記裡，習以為常共同生活的家具物件。

直到就讀中興大學期間，他

1971 弟弟在中庭慶生切蛋糕。

1972 周友達與弟弟坐在大門口留影。

到鹿港民俗文物館（原辜顯榮舊居）參觀，發現圍欄裡無法觸摸拍攝的展品與家中相似，這時他才察覺自己家裡有點不一樣。直到事隔多年、整合產權後，開始細細爬梳族譜歷史，更加了解家族於各個時代的榮景和變化。

童年時光構築生活的理想型

近年，周友達常以他與弟弟坐在大門門板上的照片，作為分享老屋故事的起點，這畫面對他來說，有著「小時候的我在等我回家」的寓意。1981年，因父親工作地緣，周友達全家搬到台北。就此，新竹成為老家，每逢過年、祭祖時節才會回訪，從長居到短住，轉折點在1994年底遭小偷闖入，失竊許多家族文物。因此，父執輩決定將重要物品移走，門窗以保全封存。最多曾住有近二十人的周益記，進入無人居住的真空階段。

過去有段時間，周友達有意識避開老家附近，「反正進不去，經過也沒有意義」，他表達內心的失落感彷彿和老朋友斷了聯繫。這種狀態持續到2011年，閉鎖的大門出現鬆開的機緣，共同持份產權的三位叔叔與父親決定賣掉房子，「我爸爸說新竹房子要賣了，叫我去跟祖先拜拜道聲不好意思。我開口說，還是我們把它買下來，修一修之後可以住在裡面。」承接房子所有權的這年，周友達46歲，離他上次回來，已過17年。

2011

重返周益記，老宅壞毀淩亂的情況。

1961

祖母陳寶釵與母親，於中庭廊下曬日看報。

2022

經過修復整理的兩張藤椅，已安然回到老宅。

重開老家門，屋內狀況比想像中更糟，周友達描述屋頂漏水、木造結構蛀腐的情景，散亂家具顯示小偷再次侵入的痕跡。他回想最初，把修房子一事想得輕鬆，加上同時期，北門街上拆除近十個店面寬的街屋，即將蓋成新大樓，內外面臨許多不可預知的狀態。幸好經由人脈網絡，慢慢串起為老屋盡心的同好者，陸續將屋內家具打包，分門別類送往修復，建築本體交由建築師評估測繪。

周友達也從零開始鑽入文史領域，離開從事十餘年的汽車產業後，他請益老師研讀《淡水廳志》；調閱日治時期的文獻與報紙；也曾跟隨文史前輩走訪新竹城、探嘉義洋樓，更遠至馬來西亞檳城、中國廈漳泉一帶，考察現存的原鄉古厝。做足準備才開始動工，因為對周友達而言，最難的是為周益記的修復做出準確判斷。

2013 夏天開始為建築本體測繪調研。

房子在，家族會凝聚，文化續傳承

過去周益記曾歷經三次大整修，第一次是1926年購屋自當地保正李雪樵時；第二次在1935年遇關刀山大地震需修繕，因而在閩式街屋上能見和洋折衷的風格；第三次是1961年周友達父母親結婚時，改裝抽水馬桶、購入黑白電視邁向現代化的內裝。從每回裝修，解讀大家族的演進過程。周友達選擇在自己主導的第四次裝修時，盡可能保留房子多樣性的年代痕跡。

「到泉州，我看見回教在建築對圖騰和風格的影響。我去檳城的最大震撼，看見華人住的地方，房子是英國裝潢樣式，擺設廣式家具，鋪設荷蘭的地磚，蘇格蘭來的鐵欄杆。同個時代最好的都聚合在這裡，而且放在一起不會奇

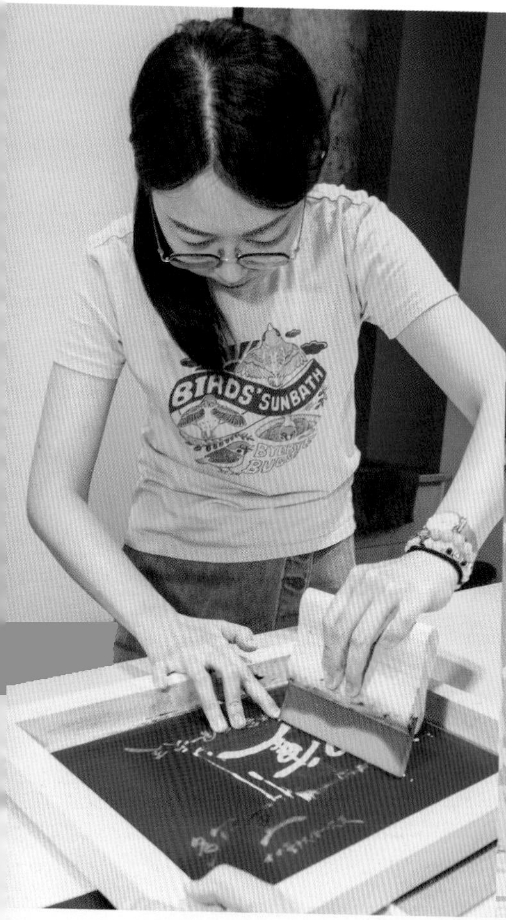

以古蹟學校為目標，周益記自2016年開始舉辦與街區店家、民眾互動的主題活動。

怪呀！」周友達說著走訪時的見聞，也影響他將不同文化脈絡共存的想法，「房子有整個家族的生活經驗，留著生活場景才有說故事的機會。」遇上對過去記憶模糊時，周友達便找家人討論。曾在周益記生活過的每個家族成員都是幕後顧問，在建築修復過程期間，他也同步考古家族故事並持續書寫記錄。

從私有祖厝到古蹟學校

仍在修繕的周益記，除了房舍、家具逐步定位中，陸續成形的還有「文化活動」，辦講座分享修復過程，串聯街上老店家描繪過往生活，為對外開放，先行暖身。

珍惜一磚一瓦的周友達，修復之路即將邁入下個十年。

周友達將家族房子的未來定調為古蹟學校，源自2015年開始，以經理人思維探索下一個百年的可能性。他成立「台灣周益記文化遺產永續發展協會」（簡稱周益記協會），目前工作成員包含建築、活動執行、博物館等不同背景的三位夥伴，共同推動私有古蹟邁向公共性的歷程。

最後，周友達笑稱：「現在想一想，我確實選了一條比較難走的路，但我希望讓人知道留下房子，可以留下紀錄，同時也可以舒服地住在裡面，不是只有拆掉的這個選項。像我這樣保留整修老屋也是一種可能。」修復時程已邁入下個十年，這條沒有人行走過的路，周友達仍在路上持續前行。

兩個周家

主持周益記修復計畫的建築師周章德，這段相識緣分經由擦漆師傅洪勝利介紹而來。周章德所屬的建築事務所擅歷史建築的修復，登錄為市定古蹟一事便委由周章德協助申請。這過程，周友達也發現他們之間的親戚關係。

周友達所屬的武功周家與周章德的汝南周家，曾在第三代時有所交集。翻閱周友達在《竹塹文獻》雜誌〈周益記的身世與家族故事〉一文中，書寫此段淵源「二房周玉衡（1835—1873）育有一子周春蘭，光緒年間參與科考，舉為淡水廳生員，春蘭公早逝膝下無子，妻許氏秀收養汝南周家的周家修（祖蔭）為螟蛉，為武功周氏與汝南周氏兩家在新竹的連結點。」兩個周家過往幾代皆有互通，來到第六代，因修繕房屋再將彼此連繫在一起。

新竹北門與台北大稻埕

談周益記的變遷，不可不提兩位重要的女性角色，其一是購屋者李氏桔，另一位便是陳寶釵了。前者為家族覓得傳承的基地，後者則將更寬闊的思想帶入家族。當周益記歷經1935年關刀山大地震，房屋多處嚴重損毀，當時持家的陳寶釵從家鄉台北找來工人整修。完工後的立面泥塑風格，在當時的北門街上實為少見，還有牆面的白色小口磚，也確實與陳寶釵娘家的陳天來故居外觀相當近似。

1931
陳天來六十大壽家族合照

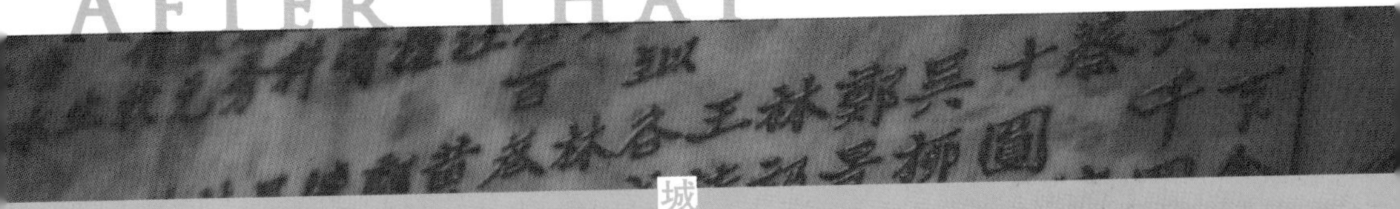

因祖母陳寶釵的關係，周友達也曾研究過陳天來家族的故事與兩家之間的互動，從照片或報紙證實口耳相傳的故事與經歷。擴大查閱資料後，有許多未曾聽聞的家族故事重新躍出，例如：周敏益與陳清汾曾一起前往上海、北京，又或是陳寶釵與陳清汾姊弟感情很好。陳寶釵結婚時，陳清汾從巴黎寄來白色蕾絲洋裝作為賀禮，所以留下新婚時著洋裝的合照。1939年陳清汾在東京舉行婚禮時，周敏益與陳寶釵皆有在帝國飯店宴會現場並留下珍貴影像。正因兩家有姻親關係，也有相同時代背景的經歷，在後代復興大宅的課題，無論是建築、文物還是再利用的規畫都相互支持。

城隍廟裡的記事

周友達回憶小時候是不常去城隍廟的。由於祖父周敏益篤信佛教並協助推廣，與在新竹、中部地區擁有廣大學生的斌宗法師也有淵源。斌宗法師曾受其邀請，戰後來到新竹以國語講道。同時，周敏益也鑽研藏傳密宗，並且帶著家人晨起在公媽廳的太師椅養成每日打坐的習慣。也許是平常都在家裡上香，以致周友達的家人不會每天到寺廟裡走動。

但周友達因修屋重回新竹，才有機會走入鄰近的城隍廟及長和宮，兩間香火鼎盛的信仰中心。他在城隍廟後殿大理石碑的修築記載中，看見前兩排刻有周家修捐款1200圓的紀錄，一眼辨別是家族二房後代的名字，再細看認出更多家族成員參與捐款修繕的行列，以此參考文獻，也能窺看家族當時的社經地位。

在怡然小村，復見百年芬芳

文字—林竹方　攝影—施合峰　圖片提供—三秀園

三秀園中景物妍
風光卻喜勝前年
此行不為爭名利
自愛尋鷗續舊園
——四湖・旋馬庭主人・林友笛／丙午春日重遊三秀園賦呈主人

有別於1966年詩人林友笛走訪三秀園的春日風光，在秋日午後乘著田園美景，來到這處靜謐園地，感受微風輕拂，伴著夕陽，散步於三秀園，格外舒暢。在雲林縣三秀園雅集文化協會總監傅恩弘、執事張雅芳與雅芳的母親蘇惠珍的帶領下，走入這座由張氏十五世祖張建廷先生所開闢，距今已逾百年的三秀園。

家族大事紀

1662～1895 入墾開創

1662年明鄭時期，來自廣東惠州府陸豐縣的張讚文、張應伍兄弟，遷居入墾今雲林大埤地區。至清光緒年間，張家世居後壁店，務農買田為業，至十五世張建廷取得「例授貢生」功名，由富農躋身鄉紳階級，並開闢三秀園。

1896～1926 繼承、詩書萌芽

1896年十七世張禎祥出生於後壁店。18歲時，雙溪口仕紳張進文延聘施梅樵先生至自宅講授漢詩文學，為當時的學生之一，開啟其詩文創作之路。19歲，十六世張際唐逝世，張禎祥於父逝百日內完婚，婚配對象為潭肚寮庄富豪陳抄先生之長女陳蕊。21歲，考入公立台中中學校，但後來因家事所累，未修滿一年即退學返鄉。

1920年，張禎祥擔任斗六郡大埤庄首屆庄協議會會員、斗六郡大埤第十一保保正。1922年新港秀才林維朝召集地方才俊，成立「鷇音吟社」，張禎祥為青年社員之一。1923年，以嘉義街為首的詩人們，聯合原嘉義廳轄下各地方詩社，成立「嘉社」，張禎祥為當時參與詩人之一。

1927～1935 擴建、詩友雅集

1930年開始，張禎祥陸續於園中修建水池、休憩亭等設施，為年久不堪使用的張家祖厝修築新居，並將祖厝其中一棟屋舍，移至三秀園作為書軒，逐次完成園內重要景觀。

同時期，亦廣邀名士於三秀園宴遊雅集，時常於園內徹夜談詩論事。

1933年，張家十八世長子張達聰出生。1935年，張禎祥於台灣史上第一次街庄議員選舉中，當選首屆斗六郡大埤庄庄協議會員。

1936～1959 戰爭動盪

1928 張禎祥與四位千金

1925 張禎祥與母親陳勤、夫人陳蕊

蘇惠珍

張雅芬、張雅芳、張大為

次男 張達仁 1938-2003

四女 張碧秀 1941-

小柳美佳

張大全、張聰美、張智美、張大行、張仁美

四女 張碧瑩 1924-2006

五女 張碧霓 1928-

六女 張碧瑜 (夭折)

長子 張達聰 1933-

七女 張碧雯 1937-

八女 張碧和 1938-

蘇元良

林主美 1948-、林主瑤 1952-、林主中 1953-、林主宜 1956-

林新村 1918-2010

傅恩平、傅恩弘

傅乃誠

此族譜簡表僅列出本文關係人，非完整族譜。

AFTER THAT

1944年，二次世界大戰期間，三秀園因地處郊區僅遭受零星空襲。園中二座人造假山下皆造有防空壕。隔年，來自滿州的部隊調派來台，其中一支支隊徵用了三秀園作為駐紮營區。該部隊至同年8月日本戰敗前都停駐在三秀園中。

1945年，張禎祥受指派為代理大埤庄庄長，並成為第一任大埤鄉官派鄉長。張禎祥任職一個月因志不在此，便告辭職。1947年，二二八事件及後續事件中，三秀園並未受到太大影響。同年冬天，張禎祥將張家自十三世至十六世祖先之遺骨，遷葬至三秀園的張家園塋中。

1951年，《耕地三七五減租條例》及土地改革政策的實施，使張家田產事業受到打擊；自此，三秀園的維護漸漸難以為繼。隔年，張際唐遺孀、張禎祥生母陳勤女士逝世；張禎祥之摯友張進國亦於是年去世。1959年，張禎祥長子張達聰赴日留學。

1960～1999 沉澱休養

1968年，張達聰在日本與博士班同學結婚，並於1970年取得日本新潟大學醫學院之博士學位。期間，偶有詩人名士至三秀園雅集，張禎祥在園內安養度過晚年。

1972年，張家十七世張禎祥逝世，三秀園由其長子張達聰繼承。因張達聰長年旅居日本，園區事務只能委託在台子侄輩管理維護。

2000～2022 重新綻放

2015年，三秀園產權由外孫蘇元良、林主瑤夫婦向張達聰購入，開始斥資整修。2017年，以「三秀園雅集」名義舉辦首次書畫會。2019年由三秀園後人發起之「雲林縣三秀園雅集文化協會」正式成立。同年，於園中首次舉辦「三秀園雅集─鴻鳴憶故鄉」戶外音樂會，其後每年固定舉辦年度音樂會。

張禎祥與長子張達聰（左三）、次子張達仁（左一）、六女婿林嘉雄（右一）及孫輩合影於三秀園中竹林

1960-1965 張家子女於園內合照

三秀園族譜簡表

- 張建廷 1840-1895
  - 長子 張添盛 際唐 1867-1914
    - 張禎祥 祉亭 1896-1972
      - 鄧春（側室） 1910-1978
        - 長女 張碧鸞 1933-
        - 次女 張碧馨 1937-
        - 三女 張碧峰（夭折）
      - 陳蕊 1897-1974
        - 長女 張碧華 ?-1928
        - 次女 張碧霞 1919-1999 — 高麟
        - 三女 張碧瑜（夭折）
  - 養次子 張添發 步周
    - 張基祥
    - 張徵祥

1955
張禎祥與孫兒下圍棋於三秀園狎鷺亭。

「三秀園」，因舊時園主張禎祥於花園發現天然靈芝，而靈芝一年開花三次，又稱三秀，故將自家花園取其名；自此，代代傳承，集結家族的能量，齊心守護著三秀園的隱逸靜好。

以詩入園 怡然自樂

翻開1904年的《日治二萬分之一台灣堡圖》，三秀園所在位置介於舊庄、後壁店兩村之間，1945年，身為大埤鄉最大地主的張禎祥，被指派為第一任的鄉長，當時，配合國民政府進行行政區域的重劃，張禎祥便將轄內各地方的名字，取了富詩意的新名稱，而後壁店及舊庄，也是在此時期進行整併，並由張禎祥命名為「怡然村」。張禎祥因崇尚閒雲野鶴的生活，僅任職一個月，而「怡然村」之名卻陪伴村里至今，三秀園便位於此村的「怡然路」上。

三秀園現存占地約一萬坪，大多保存著張禎祥當初的規畫，其中「清河堂」是張家宅邸，為「二落單伸手」形式，大房陳蕊住在正廳的左側，二房鄧春則住在右側，而蘇惠珍則和丈夫張達仁（次子）生活在「單伸手」的位置。在蘇惠珍的印象中，年輕時的張禎祥很常邀請朋友在家宴客，晚年生活安逸，每天都早起，隨意拿本書繞三秀園一圈，也很喜歡下棋。次女張雅芳便是在三秀園出生，隨著張禎祥的過世，三秀園由長子張達聰繼承，張雅芳和父親張達仁全家便搬出三秀園，但仍住在怡然村。

1965

陳蕊女士與兒孫在自宅餐廳外分配點心。

「從小逢年過節，就會跟著盛裝打扮的外婆（張碧瑩）一起回娘家（三秀園），我一直覺得這裡的故事很迷人！」對歷史脈絡、舊件老物有著滿滿喜愛的傅恩弘跟我們訴說著家族故事，「雅芳姓張，所以她是張禎祥的內孫，我算是外曾孫，以輩份來說，雅芳算是我的阿姨，每次跟外婆回到三秀園也會到附近的親戚家們坐坐，親戚們彼此都認識也都有往來。」

在族譜上張禎祥共有二名兒子與十二名女兒，其中幾位女兒因年幼夭折，共十名子女一同成長，全家大小一起在三秀園生活，長子張達聰自1959年赴

1955

張家全家福，最左側的小女孩即目前三秀園的擁有者林主瑤。

日留學，便在日本娶妻生子，長年居住於日本；次子張達仁即是張雅芳的父親，因家務繁忙，便留在大埤照顧父親與兩位母親。1972年張禎祥逝世後，三秀園的產權一直歸屬於長子張達聰，至今已高齡八十餘歲，依舊掛心著這座大庭園。

張氏家族留有許多老照片，其中有張照片現今看起來，特別有意思。這張照片裡的人幾乎都穿皮鞋，只有一名小女孩穿著木屐，而這名穿著木屐的小女孩名為林主瑤，正是現任三秀園的所有者，是協會的理事長，也是傅恩弘的阿姨，傅恩弘

說：「外婆和外公（林新村）都是教育工作者，外婆是老師，嫁給了留日回來的外公，外公擔任北港中學的校長，當時北港相較大埤繁榮許多，教育資源也較豐富，所以曾祖父（張禎祥）把家族所有的小孩都送到北港求學，結果外婆自己的孩子反而照顧不來，因此，把還沒念書的林主瑤阿姨送回三秀園老家照顧。」林主瑤的童年生活就沉浸在三秀園這座大園子裡，在張禎祥打造的藝文環境薰陶下，自在悠然的成長。

2000年左右，年近70歲的張達聰也開始思索著三秀園的未來。因子女都在日本生活，這座他一人扛起的大園子，長年來都是靠著張達聰從日本寄錢，進行基本的

清河堂為張家後代住居空間，平日不對外開放。

清潔，對於每年回來一兩次的張達聰而言，隨著年紀增長，營運管理更是不易。為了這座三秀園，家族成員們多次往返台日之間，也曾討論過成立委員會或捐給公部門等方案，但始終沒有定案。

2006年，傅恩弘的外婆張碧瑩過世，臨走之前嘴裡唸的、心中繫的也是三秀園。傅恩弘回憶那時外婆曾說過，看著弟弟（張達聰）越來越老、三秀園越來越頹壞，總是覺得捨不得，而事業有成的蘇元良與林主瑤夫婦，自然而然成為家族寄望的對象。原本計畫退休後要赴美與孩子們定居，林主瑤在美好的童年回憶，以及家族親情的感召下，2015年決定向舅舅（張達聰）買下三秀園，開始整修。

三秀園占地廣大，後代採分區整修硬體房舍。

藝文活動　重啟家族園邸

2017年中秋，承襲著昔日園主張禎祥的人文氣息，三秀園特別邀請黃光男、李轂摩、沈榮槐、羅振賢等十位書畫大家至三秀園揮毫，揭開花園整治後之序幕，沉寂了四十餘年的三秀園也逐漸甦醒。

然而，這麼大的園子整理起來，辛勞程度絕對不在話下，除了蘇元良與林主瑤夫婦之外，工作性質為自由接案的傅恩弘，因興趣使然，從初期的幫忙，到現在已經是全職投入。接手初期，水電不穩，雜草叢生，蘇元良、林主瑤和傅恩弘三人凡事都自己動手來，回想著當時的狀態，傅恩弘說：「那時很克難，四甲地居然沒有一間好的房間可以睡，所以我們就先清空一間房，三個人共吹一台電風扇，這樣擠著睡。」

除了傅恩弘，張雅芳也是不可或缺的重要人物。2019年，原本在北部生活的張雅芳剛搬回大埤，與長年獨居的母親蘇惠珍同住，同年，三秀園舉辦首次的戶外音樂會，看著忙進忙出的傅恩弘，張雅芳也投身幫忙，自此掉入「陷阱」，開始處理三秀園的大小庶務。

也是在2019年，「雲林縣三秀園雅集文化協會」正式成立，以協會的方式營運這座大宅園，回想這幾年付出的血汗，傅恩弘和張雅芳卻甘之如飴，他們倆不約而同笑笑地說：「畢竟這是自己的家啊！」

現在的三秀園，不只是張氏家族自家的後花園，也希望讓更多人走進三秀園感受這裡的宜人景致，除了入園的開放時間，也提供給附近小學、社區大學、藝術家等做為學習討論的據點，並辦理了多場表演、市集等藝文活動，自2019年起每年固定舉辦音樂會，邀請國內外知名音樂家來三秀園演出，在音樂的演奏下，三秀園更顯其獨特優雅之氣質，讓這份家族對三秀園的愛、對地方文化藝術的熱情繼續流傳。

協會舉辦的雅集文化餐桌，期望以活動復返過往藝文氣息。

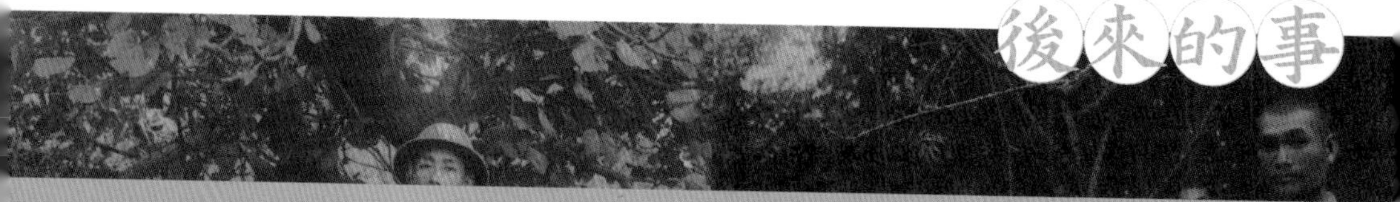

張禎祥留下來的千首詩詞，後代集結成一本《三秀園詩草》，昔日的三秀園人文薈萃，也是張禎祥以詩會友的園地。除了三秀園，詩友們也會相互交流，彼此拜訪。在怡然路上，面對著三秀園的紅磚牆，掛著幾幅老照片，其中一幅便是當時張禎祥與三五好友在嘉義溪口張進國醫師的庭園賞梅，留下的影像，主人翁張進國是最前方白色衣服的男子，後排左邊便是曾祖父張禎祥。

傳恩弘笑稱，曾祖父那群朋友彷彿是那個年代的部落客，找來一名攝影師隨行拍攝，記錄他們出遊、騎馬、划船和聚會等景緻，大家再以詩詞書寫風景，抒發自身情感。帶著一點好奇，加上興趣使然，傳恩弘循著曾祖父的老照片拜會了一些詩友的後人，有些為張家世交，只是後代疏於聯繫，因為傳恩弘的出現又再次牽起了互動。

土庫陳家

距離大埤車程約6分鐘的土庫，當地圓環中心豎立一座抗日烈士陳義順（1907—1942）的銅像。陳家為土庫望族，長女陳金定，與傳恩弘的外婆張碧堂及姨婆張碧霞，是長榮女中時期之同窗好友；此外，現任園主林主瑤年輕在台大念書時，剛好也是向陳金定學習花藝。

因為層層的緣分，讓傳恩弘在自家中發現一張陳氏家族在自家庭院的合照，看到照片中這座華麗的庭院，讓他起了親身拜訪的念頭。透過資料爬梳以及Google衛星地圖，傳恩弘成功找到這座陳家庭院，現在也藉著自身經驗，協助陳家人合力守護家族的老房子。

溪口張家

張進國（1887—）醫師形象鮮明，風流倜儻，家中有一座庭院「笑園」，裡頭甚至有跑馬場，是三秀園昔日園主張禎祥與其他友人練馬的地方；笑園內有石橋流水，還有一座水中涼亭「嘯月閣」，傳聞此處婦孺不可靠近。張進國在笑園亦自組詩社「笑園吟社」，常與詩友交流宴飲。

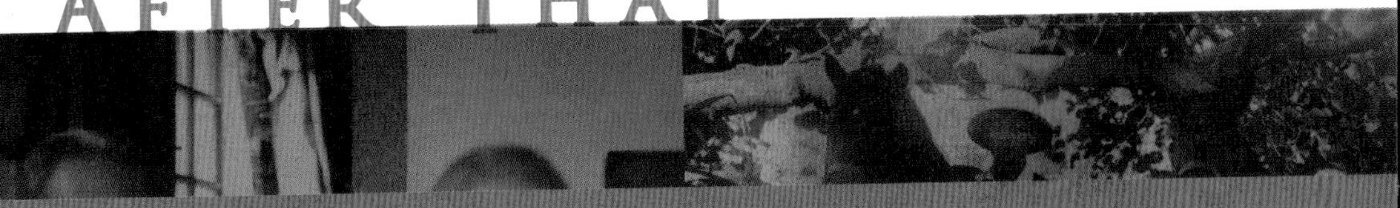

歷經戰爭時期，笑園早已面目全非，只剩嘯月閣保存下來；戰後，因土地及房屋所有權不明，張進國之孫張敏峻又分批將產權買回來，甚至於附近蓋房居住。傅恩弘依循著僅存的嘯月閣，找到了張敏峻，也找回了往日兩家人的聯繫，現在張敏峻偶爾來三秀園坐坐，傅恩弘也會帶社區大學學生走訪嘯月閣，踏查在地文史。

新港林家

林維朝（1868—1934）是清代新港的秀才，為雲門舞集創辦人林懷民的曾祖父，在居所「怡園」成立「鷇音吟社」吟詩品文。張禎祥的青年時期曾遊學於新港，出入怡園書院，亦為鷇音吟社的創社成員之一。

目前的林家老宅因產權複雜，不對外開放，但其後代「林開泰診療所舊宅」於2016年被指定為縣定古蹟，現正整修中，傅恩弘也很期待日後開放，能與三秀園有所串聯。

嘉義賴家

如同都市版的三秀園——壺仙花果園，就這麼靜靜地坐落在嘉義市區中，後來曾做為幼稚園使用，於1976年關閉，現在只維持著低度的維護。壺仙花果園的園主賴雨若（1878—1941），是日治時期台南州史上第一位辯護士（律師）。賴雨若愛好古典詩詞書畫，與張禎祥同為「嘉社」一員，張禎祥曾以三秀園的白蓮花苗相贈，賴雨若為了感謝張禎祥依約贈蓮，親筆題寫贈蓮詩，此一卷軸現收藏於三秀園，而這首贈蓮詩亦收錄於賴雨若遺輯《壺仙詩集》之中。

因緣際會，傅恩弘得知賴雨若之孫——賴辰雄醫師在高雄醫學院擔任客座教授，並親身拜訪賴教授，高齡八十多歲的賴教授也曾出席三秀園舉辦的音樂會，自此重溫兩家人之情誼。

打開封存的宅院，見證望族的華麗與蒼涼

文字—王巧惠　圖片提供—蕭文杰、陳建融、王大維

HOUSE OF MEMORY

從一座座老舊的屋宅路過，在廣袤的田野上，在高樓的縫隙間，傳統合院長出擬洋風立面，老洋樓綴以中國意象的紋飾。曾經雕欄玉砌，如今歲月蒙塵，故人舊識不再，獨留它們在原地兀自頹敗或消失不見，而我們渾然不覺，像是隱喻台灣的身世。

一直都在的屋宅，以及生活在裡面的人們

同為致力於文資保存的文史工作者，蕭文杰和陳建融看見神隱於世的望族建築，從經典的建築式樣與精緻的裝飾細節，發掘地方望族的往日榮光，揭開一磚一瓦藏納的家族記憶，拼湊出過去不為人所知的台灣史。

明清渡台移墾的漢人，在各地茁長成枝繁葉茂的家族，或在日治時期受官方支持，而取得社會地位。這些望族所興築的屋宅，不僅是標識財力與階級品味的象徵，也藉由文明生活的形象，建立和統治階層對話的基礎。蕭文杰談及建材的選用也可觀察到當時的趨勢，深坑黃氏古厝群以日本窯廠的Ｓ紅磚與金包銀的斗子砌混合砌成，三重崇德居使用官方建築常見的ＴＲ磚，這些用日本建材構築的民居，展現了雄厚的家族財力。

望族建築過去侷限於宅第、園邸、宗祠等空間，如今指向更多元的場域。陳天來家族為大稻埕茶商，貿易範圍遍及亞洲甚至遠至法國，１９２４年落成的錦記茶行既是居所，亦是交易空間與招待所；天外天劇場則是吳鸞旂家族由私人戲院擴建，並對外營運的休閒娛樂空間。

上：深坑黃宅門樓磚材多為S磚。｜中：深坑黃宅豬舍。｜下：傳統漢人磚雕。

天外天保存行動促使吳家重回歷史舞台，更因其開放性展現彼時常民生活，將研究範圍發散至地方史。陳建融首次參與提報，在搜集事證時，發現包含社口大夫第林懋陽家族、梧棲陳瑞年家族都曾插手天外天的經營，爬梳出吳家和北屯賴家為姻親，大夫第林家又與賴家為姻親，「望族間的關係網絡像是一張網子，你一提起來，整個台灣就被提起來了。」望族以商業往來為經，姻親結合為緯，交織成一張綿密的人際網絡。

上：卯澳吳家的石砌樓仔厝。｜下：北埔姜家宅邸保存良好。

尋訪望族之後，
只為留下一座記憶之屋

電視劇《茶金》的場景姜阿新洋樓，2013年由孫輩買回，先祖開創家業的故事得以傳承，成為凝聚家族的精神標的，也為北埔老街留下共同的時代記憶。如陳建融所言：「藉由文資提報，讓關於這座建築、這個家族、這塊土地的故事被留下，現在走在這條路上的我們，才有機會知道這裡發生過什麼事。」

然而更多時候，現實如陳悅記祖宅門庭對聯：「數十年克勤克儉祖宗創業／第一等不仁不義兄弟爭田」，望族子孫眾多且分散各地，所有權人對建物的處理難有共識，祖厝多淪為閒置狀態。其占地甚廣且區塊完整，容易成

文化資產是價值問題，
不是價格問題，
除了留財產給後人，
我們還能留下什麼？

> 我們常覺得自己是故鄉的異鄉人，透過一小步、一小步建構屬於地方的史觀，可以真切感受到再扎根於母土上的踏實。

為建商開發的目標，家族因此面臨保存與拆除的拉扯。仁武劉家為維持家族和諧而無法表態，明德魏家遭不可說的勢力阻礙，兩家保存派後人皆託蕭文杰協助提報，審議結果卻以所有權人有開發計畫為由不予指定。經由漫長歲月所積累的家族榮耀，在宅第轉售開發的同時灰飛煙滅。

自新北投車站搶救行動啟蒙，迄今仍奔波於文資保存運動現場，蕭文杰坦言：「文化資產即使再經典，也要有機緣才有機會被保存下來。」同樣位於楊梅的道東堂與京兆堂，皆是清代建造的客家古厝，在建商已收購部分建地的情況下，最終道東堂指定為古蹟，京兆堂卻夷為平地。

陳建融過去唯一提報成功的黃來旺故居，則是因緣際會下得以保存的實例。2020年搶在建商拆除前列為暫定古蹟，陳建融在網路上書寫黃家故事，輾轉認識四房地質學家黃敦友的後人。他們深諳祖宅價值，甚至表示願意分享產權，讓陳建融代為發聲，最後雙方合作提報，促成黃來旺故居的古蹟指定。

宅院的守護者，等著文化資產被珍視的明天

「一件文資的保留，至少要花三年以上的時間遊說，就算屋主有高度的保存意識，還是要花時間解釋法令。」憂懼財產權受損乃人之常情，兩人咸認為文資保存與否和主事者的態度有關，慨嘆政府未主動說明補償措施，凍結式修護亦令人卻步，種種消極作為導致無法與所有權人建立信任關係。太原第、頭份陳氏家祠皆在暫定古蹟期間，由於地主受到煽動而自毀。

上：京兆堂山牆處搭配有防雨的穿瓦衫。｜下：遭到強拆的京兆堂。

當我們不太去討論我們自己是誰，我們就很難往何處去。

望族建築中最具代表性的板橋林家花園，即是政府以類似今日容積移轉的方式予以公有化，讓大眾得以進入宅邸一睹經典園林之美。然而，不僅有形的建物具有價值，存在其中的人事亦為無形的資產，有些屋宅仍有後人居住，有些仍保有祭祀活動，如陳悅記祖宅。蕭文杰主張政府出資購買是為公共利益所採取的最後手段，適度補償所有權人的損失及需求，讓後人得以在祖宅繼續活動，藉此傳承自己的歷史，才是望族建築存續的根本之道。

為了守護文化資產，蕭文杰以衝組之姿從基隆衝到屏東，陳建融則持相機和筆桿堅守家鄉台中。他們如唐吉訶德般擋在怪手前，公民運動傷害有時，仍能感受到社會觀念正在轉變。卯澳吳家後人整合祖厝產權，為了重現往日芳華，他們主動向蕭文杰諮詢保存修復的辦法，這座浸潤了漁村光陰的石砌樓仔厝，最終登錄為歷史建築，成為地方創生的起點。

1978年林安泰古厝拆遷，失去原有的風水脈絡，換得文資法的誕生。雖然仍有許多老屋在未臻完備的法令中滅失，但即使是留下一張照片、一段故事，都能證明這裡曾有的樣貌。一座屋宅的犧牲並非毫無意義，它們藉此大聲疾呼，換取下一幢屋宅的保留，以及下一個世代對土地的歸屬與認同。

上、中：陳悅記祖宅，現已成為陳氏家族祠廟。
下：祖宅文資提報現場。

望族建築是社會自覺的座標，
唯有自覺的開始，才有一個可以立定的地方，才有自覺的台灣。

劉氏古厝

INFO　地點・**高雄仁武**｜持有家族・**仁武劉家**｜建物年份・**1820 ～ 2019**｜建物類別・**宅第**
（推測為1820-1850間興建）

建物風格&特色

明鄭時期渡台的劉家，第五代劉長義在道光年間中武舉，而依照清朝舉人官宅格局興築新厝。這座二進多護龍合院建築，正身第一進為三開間，第二進為七開間，占地與建築本體皆頗具規模。劉家古厝為磚木造建築，屋頂結構採硬山擱檁式。牆體為閩南常見的斗砌牆構造，部分石砌牆體則以咾咕石砌成。裝飾細節包含磚雕、木雕、石雕、泥塑、彩繪、剪黏、斗栱、燕尾脊等傳統元素，展現彼時匠師技藝。

消失原因

劉家古厝有64位所有權人，對於保存與否意見兩歧。2019年，劉長義祭祀公業改組，管理人不顧保存意見，以多數決決議拆屋賣地。保留派後人因父執輩不願與手足對抗，由沒有土地所有權的後輩提報。

劉氏古厝在文化局會勘前一天，遭到開發派所有權人的突襲式拆除。劉家後人擋不住怪手，急忙致電蕭文杰，他隨即通報文化部文資局報警，並由中央緊急通知高雄文化局。高雄文化局至仁武劉家車程不到20分鐘，然而等到兩小時後相關人員才到場，古厝只剩下斷垣殘壁。

蕭文杰事後撰文批評，文化局已知有拆除之虞卻未啟動暫定古蹟程序，又為了召集文資委員而錯失黃金搶救時機。列冊會勘的案件並不在法令規範的範圍內，破壞者甚至無需面臨罰則。

即使文化局在拆除事件之後將劉氏古厝列為暫定古蹟，2020年仍以建築體僅餘殘跡殘構為由，決議不予指定、登錄。古厝修復無望，徒留後人唏噓。

學仔內古厝

INFO　地點・**北投大同街**｜持有家族・**北投陳家**｜建物年份・**1890～2020**｜建物類別・**學堂**

建物風格&特色

學仔內古厝與列為歷史建築的北投陳氏宗祠相鄰，兩座建築同為清代至北投開墾而世居於此的陳氏家族所建造。陳家重視後人教育，在學仔內興辦私塾，可謂北投教育的發源地。學仔內是一座傳統閩南多護龍合院的土角厝，正廳入口以三關六扇門展現屋宅氣勢。建築裝飾以木雕為重點，門楣上的門印刻有「福」、「祿」二字，木門、花窗、斗拱等構件上都有著精巧的雕刻表現，屋內處處可見金漆描繪，顯現陳家對這座建築細節的重視。

消失原因

學仔內後期雖仍有人居住，然而屋舍年久失修，兩側護龍也早已頹敗。

2016年，台北文化局在進行陳氏祠堂現場會勘時，一併勘查學仔內，這是學仔內距離文化資產最近的一次。雖然建物的木雕架構保存完整且精緻，文化局仍以屋況不佳及所有權人有開發計畫為由，在當年度解除列冊管理。

蕭文杰接觸陳家後人，得知家族意見紛雜，其實也分為保存派與開發派。同樣是教育史相關建築，登錄為文化景觀的陽明山中山樓只剩草山林間學校的坡坎，學仔內整體結構完好卻是如此遭遇。他慨嘆即使無相關法令規範，私產一旦面臨所有權人有開發意願，極大機率無法成為文化資產。

2020年8月建商進駐整地，這座曾經看顧北投學子的百年土角厝，如今已成追憶。

天外天劇場

INFO 地點·**台中東區**｜持有家族·**東大墩吳鸞旂家族**｜建物年份·**1936～2021**｜建物類別·**戲院**

建物風格&特色

由吳鸞旂長子吳子瑜出資興建，委託齋藤辰次郎設計的天外天劇場，採現代折衷主義風格。這座三層樓挑高建築見證了台灣鋼筋混凝土構造發展的趨勢，也是台灣頗具代表性的圓形劇場建築，以圓形的座席區和矩形的舞台與附屬空間組成空間平面，而其圓頂跨幅達18.65公尺，以同時期全台最大的十六等分普拉特桁架（Pratt Truss）構成。

消失原因

1948年，吳子瑜為籌措修建梅屋敷經費而出售天外天，更名國際戲院。而後曾為製冰廠、釣蝦場、鴿舍、停車場……，終成閒置狀態。

2014年起出現所有權人欲拆除開發的聲音，天外天劇場首度進入文資審議並列為暫定古蹟，但台中文化局認定不具文資價值。

2016年，所有權人拆除內部設施，天外天保存運動自此成為全國注目的文資事件，2017年，陳建融首次參與提報，除了積極尋找新事證，也以網路書寫、媒體投書引發大眾關注。經建築專家現勘，提出圓形屋頂結構具代表性；公民團體也以所有權人的流變，帶出望族與地方發展史的關聯性。種種新事證促使文化部協調文化局斥資350萬元，在隔年展開調研計畫。

2020年初新事證審議通過，文化局仍決議天外天不具文資價值。4月，所有權人欲展開突襲式拆除，文化部緊急列為暫定古蹟。然而當年底所有權人訴願成功，撤銷暫定古蹟公告，天外天劇場於2021年2月正式走入歷史。

林淑景宅

INFO 地點 · **台中神岡** | 持有家族 · **北庄林家** | 建物年份 · **1930 ～** | 建物類別 · **宅第**

建物風格&特色

雖保有傳統閩南三合院格局，林淑景宅卻有著時行的擬洋風立面外觀，這座處處展現混搭風格的建築，體現日治時期多元文化匯流而成的時代樣貌，以及望族對現代文明生活的追求。同樣展現文明性的設計，還有正身兩側及護龍最外側設置的四座磨石子洗手台，連接自來水管的設施不僅是現代化的象徵，也呼應當時日本政府推行的公共衛生政策。

消失原因

2018年林宅左護龍遭到破壞，台中文化局接獲民眾通報，逕列為暫定古蹟。

2019年5月，文化局稱所有權人以死相逼，審議結果為林宅不具文資價值，保存團體繼而發起搶救行動。同年6月右護龍被拆毀，正身裝飾、柱身、踏階等構件亦遭到刻意破壞，蕭文杰認為有高人指點刻意為之，目的在於減損其保存價值。文化部緊急介入，林宅再次列為暫定古蹟。

當時的文化局長表態林宅不具獨特性，陳建融提出過往學者研究資料，比對其裝飾細節與市定古蹟張天機宅有諸多相似之處，可能因為林家與邀請張天機移居后里的張勘家族為姻親，也可能系出同一批匠師。林宅不僅成為爬梳望族關係網絡的線索，亦為日治時期營造技術的見證。

此後文化部委託調查的新事證研究報告送入台中文化局審議，而文化局不認為報告有新事證的價值。當時鄭麗君部長有意價購保存，卻礙於地方文化局審議未通過，難以動支經費。2020年6月，幾近毀容的林淑景宅面臨暫定古蹟到期，失去文資法的保護傘。

CHOROGRAPHY

篩金者

在田野裡，勾勒人物的生命軌跡

CHOROGRAPHY

文字整理—曾怡陵　攝影—YJ

人物如滿天繁星，獨自發光，卻也輝映出時代的面貌，是歷史研究的重要基石。《新修彰化縣志．人物志》主持人張素玢，團隊成員李毓嵐、李昭容等人秉持學術自由，在茫茫人海中揀選合適的人物入傳。地方望族往往會出現多位人物，成為維繫地方社會的重要力量。少則3百字，多則3千字的傳文背後，有大量文史資料的爬梳工作以及訪談，才能縫合出人物的歷史，再現地方的記憶和情感。

要被稱為望族，
除了權勢跟財富外，
還要對地方有正面的影響。

Q 能否談談參與《新修彰化縣志》的緣由和分工？

張素玢 《新修彰化縣志》的編纂是由縣府於2012年啟動的。彰化是清代很重要的縣，孕育出很多的人文薈萃。可是其他95%的縣志都已經修了，但清朝以後彰化縣只有不完整的《彰化縣志稿》。

李毓嵐 稿就是半成品的意思。其實台灣這一、二十年來，修地方志非常盛行，鄉鎮志的纂修也很普遍，像彰化縣的鹿港、社頭等鄉鎮都有鄉鎮志出現，甚至還在修村史。彰化是六都以外台灣人口最多的縣，竟然從清朝以後都沒有新出的縣志，再怎麼樣都說不過去，好像是縣府的怠惰。我覺得他們有壓力或使命感，一定要再新修縣志。

張素玢 修志是苦差事，不會有人主動說要來做，當時有的是動之以情，有的是被威脅，怎麼威脅呢？總纂黃秀政教授跟我說：「妳是彰化人，妳不做，什麼人要做？」光這一句，我就沒辦法反駁了，責無旁貸。團隊中的昭容、雅文老師和我都是彰化人。

李昭容 黃秀政老師是我的指導教授，《新修彰化縣志．人物志》原主持人許雪姬老師、中研院台灣史研究所所長也是

提拔我很重要的人，所以當初會加入這個團隊。

張素玢　至於分工的部分，我們是一人負責一篇，我負責經濟人物篇，毓嵐老師負責政治人物篇，昭容老師負責文化人物篇。後來我發覺這樣每一個人都要跑彰化26個鄉鎮，力量很發散，所以我們就自己的地緣去認5、6個鄉鎮，這個鄉鎮不管是政治、經濟、社會、文化人物都要做。我們的體例完全一致，第一段、第二段等行文都統一，總纂跟審查委員沒有人知道我們是交叉寫的。這樣有什麼好處呢？我們在建置TBDB「台灣歷史人物資料庫」的時候，這一點太重要了，因為電腦重視規律性，所以用爬蟲程式去抓的時候，就抓到90%。我們撰寫文稿的規律性無意中為這個資料庫打下很好的基礎。否則就要做資料清理（Data Cleaning），每一篇都得重新整理。這在往後做資料後分析時，起了很大的作用。

我之所以主張建置TBDB，是因為《新修彰化縣志》有103萬字，一般人怎麼會去看這麼大部頭的志書？有了TBDB以後就很方便查詢，現在常有某些人物的後代透過資料庫查詢，而跟我們連絡說要補充、修正內容。

我認為在這個時代把資料數位化，不只方便查詢，還可以做後分析。這些人物很重要就是他的社會、家族網絡，若是我們一一用人工方式去勾畫，那多難呀！所以我跟資訊工程師說，希望能按一個鍵，分析圖就畫好了，人物的每一層關係也都可以被畫出來，例如可以畫出跟彰化女中有關係的人物，或者人物的年齡分布，哪個人物參加哪些詩社等等。

張素玢

國立政治大學歷史學博士，現為台灣師範大學台灣史研究所教授。研究專長為方志、地方史，為《新修彰化縣志．人物志》計畫主持人。考上歷史系的第一個念頭是轉系，隨著歲月慢慢積累對歷史的情感。

Q　認為編寫地方人物志的主要目的和功能為何？過去到現代是否有不同？

張素玢　最早史書裡的人物志是給帝王看的，讓帝王知道如何分辨、晉用有長才的人；以前官方文獻的人物志，也不是給一般人看的，有其政治功用；至於碑刻記述的人物，已有教化民眾的作用。如今人物志已經沒有那些特定政治目的，是方志裡一定會書寫的部分。

李毓嵐　就像我們當初在纂修《新修彰化縣志·人物志》，其實是很單純地替地方留下歷史，而且讓一般大眾也可以閱讀，不再只是給統治者觀看而已。

張素玢　清代一直到日治時期以前，政治統轄只達縣，地方的家族跟仕紳是維繫地方社會安定的重要枝幹。透過人物的掌握，我們比較容易了解那個時代，就像人的經絡、樹幹的主脈。否則你要認識龐雜的歷史，可能會茫然不知所措。先抓準最亮的那顆星，要了解人物先去找家族，就容易掌握線索和脈絡。

李毓嵐
國立台灣師範大學歷史學系博士，現為中興大學歷史學系副教授。研究專長為台灣史、台灣社會文化史。外祖父是傳道師，曾因自身興趣在澎湖做田調、寫方志。承襲外祖父對文史的情感，順理成章走進歷史領域。

李昭容　人物是歷史永遠的基礎，現在有新史學或新的研究方法讓人物志呈現不同的面貌，如利用檔案資料交叉比對當事人說法，可釐清不少政治真相，或利用日記撰述的人物研究，可開發不少新文化史議題，人物是歷久彌新的。我個人認為現在的人物志只是用來拋磚引玉，真正的用意是讓在地的人或學生運用自己對在地的情感，講現實是作業、論文、108課綱，真正目的是要去愛護自己的家鄉，知道原來這塊土地孕育出這麼多人。

李昭容
國立中興大學歷史系博士，曾任朝陽科技大學通識中心兼任助理教授，現為賴和基金會董事、彰化女中歷史老師。研究專長為台灣史、家族史與文化史。生活地鹿港就是她的田調現場，視田調為日常，用情感修人物志。

李毓嵐　人物選取的多樣性，是現在跟過去的人物志比較大的不同。在以前中國正史裡的女性非常少，如果要被列進去，就一定是烈女節婦。可是像《新修彰化縣志．人物志》的女性佔有相當大的篇幅，選取的角度也更多元，比如體育選手、神職人員。只要有比較傑出、值得被紀念的成就，都會作為選取的標準。

Q　列入地方志的人物等同於地方望族嗎？

張素玢　人物志不是家族志，原則上是單一人物入傳，有時是夫妻或父子合傳。夫妻合傳是因為男性被書寫或留下的資料比較多，但女性也很重要，不該一直隱身在男性背後，若資料有限，就會採取合傳。

往往地方的望族會出多個人物，因為經濟和文化力量的累積，《新修彰化縣志．人物志》最多一個家族有13人入傳，而且還不是單代，也有兩代以上被選入人物志，目前為止最多是四代。我們說富不過三代，到四代都有人入傳很不容易。

李昭容　我認為成為望族的條件有文化資本、文化權力網絡，有世代交替的財富或權力，導致他們在社會上比較有正向的貢獻。在纂修《新修彰化縣志．人物志》時，大家會認為我們是有意地整理多代入傳的家族，其實是無意的。入傳的人物要符合條件，修完後再回溯有哪些人物是世家大族。

李毓嵐　我個人比較堅持一個標準，要被稱為望族，除了權勢跟財富外，還要對地方有正面的影響，譬如造橋鋪路、設立學校等。就如同我們書寫人物志的選取標準，基本上會選對社會比較有正面貢獻的人。

篩選人物其實是最難的，這涉及史識、史德、史才。

Q 人物的篩選標準和內容，會否受到當權者等力量的影響？

張素玢 著名史學家司馬遷和班固選擇人物的標準就不一樣，我不清楚他們有沒有受到皇帝的壓力，應該還好。因為司馬遷甚至寫〈酷吏傳〉、〈滑稽列傳〉，把一般認為不入流的生、旦、淨、丑都寫進去，但我比較欣賞司馬遷的選度；班固就一板一眼把人物分九品。寫人物志的人各有各的標準，但史學的訓練強調，不能因為這個人我認識，就把他寫進來；或跟他有仇，就故意在人物傳裡把他修理一番。修志不能有私心，那是在考驗修志人的史德。

李毓嵐 我們是做彰化縣志，所以會考慮這個人是不是對全縣有正面的影響力，如果過於地方性，可能不適合放。

張素玢 篩選人物其實是最難的，這涉及史識、史德、史才。你對歷史有什麼樣的認識？如何不偏不倚？我們一開始會先從日治時期就被列入《台灣人士鑑》裡的人物挑選。而過去跟今天很不一樣的是，以前的政治受難者絕對不會被寫進去。

李毓嵐 《新修彰化縣志．人物志》政治受難者總共十位跑不掉。

張素玢　二二八跟白色恐怖的受難者，其實就佔了政治人物篇相當的篇幅，他們已經被噤聲或是被壓抑至少50了年吧。我們在寫人物志時的社會氣氛、政治氛圍等等，對我們寫這些人物已經沒有太大的問題。

我們在做縣志的時候，根本沒有諮詢縣長的意思，縣長也沒有過問或干涉。審查委員也不代表政治當權者的意見，都是學有專長的學術界人士，尊重我們的專業判斷。縣志完成後要在彰化縣政府公開展示，民眾都可以翻閱。

以前我編過另一個地方的鎮志，提到一位地方人士不識字，他兩個當鎮民代表的孫子要求把鎮志全數收回，態度非常強硬。但那是當初訪問的時候，他們家族的人講述的。在清代，不識字是很普通的，他是練武之人，我們也沒有想到這就踩到地雷了。後來總編纂考量不寫這一段文字是不是會對整篇造成影響，好像也還好，所以就把那幾個字貼掉。

透過人物的掌握，我們比較容易了解那個時代，就像人的經絡、樹幹的主脈。

李昭容　當初文化局委託修《新修彰化縣志．人物志》的時候其實有個要求，就是彰化26個鄉鎮都要有代表人物。剛開始我覺得有點為難，擔心有個現象，也許某個鄉鎮人才太多，同樣的表現沒有被列傳，可是在另外一個鄉鎮就被列傳。但修完後我覺得這樣的要求是好的，如果我是那個鄉鎮的人，想追求在地歷史的特殊性，我就可以找到典範。他們有考量在地人的感受，這是我們在學術象牙塔裡會忽略的面向。

Q 是否會發生過非經典選入和被淘汰的實例？

李毓嵐　以前有個地方鄉志收錄了兩位縣議員，是黑道出身，任內還發生槍戰。我不清楚為什麼當初鄉志幫這兩位立傳，這很顯然跟一般人物選取的標準是有衝突的。

張素玢 其實我也想舉這個例子，他們的新聞鬧得很大，可是在鄉志裡全部正面表述。我們以前在開方志研討會時，就對這些人物有過一些討論。

李毓嵐 所以他們在《新修彰化縣志．人物志》的初選就落選了。政治人物會比較棘手，可能難免會有些貪污的案件纏身等各方面的黑歷史或黑新聞，可是我們會選進去的人物，基本上光明面還是多一點。

李昭容 我記得我在念博士班的時候有聽到老師說這個例子，他們在修志時都有受到黑道人士的干擾，但因為我不是當事人，沒有辦法陳述。當時距離現在已經十多年，現在修志已經比較不會受到地方惡勢力的干預，我覺得是台灣公民水準的進步，但我也隱約擔心，是不是人物志比較沒人看了……

另外，鹿港燈籠大師吳敦厚是在《新修彰化縣志．人物志》審查完畢後才去世的，素玢老師做了納入志書的裁決是正確的。誰都不知道下一次修志是什麼時候，有可能因為預算等狀況遙遙無期。

Q 請分享田調過程中，印象深刻的故事和困難？

李毓嵐 老實講我對彰化滿陌生的，彰化的大城、竹塘、芳苑、埤頭這些偏鄉是我的責任範圍，但偏偏他們沒有纂修鄉志，查看報紙，名人上報的也不多，所以一開始我不是很有頭緒。後來採取的方法是拜訪文史工作者，像是二林社區大學的謝四海校長，他自己有出版《彰化縣二林區地方文史專輯》，他的二林是大二林的概念，把芳苑、大城當作二林的蛋白區或衛星城鎮，所以也很關心這些地方的文史概況。我也透過他的引介認識更多人。所以要走進地方，認識當地的人脈，才會有一些突破。

張素玢 我的話是我母親幫了很大的忙，她擔任員林公園健康會會長30年。我想打聽誰，母親若不知道就問她的會友，線索就來了。我曾想查一位全台首位入祀忠烈祠的女性——張達，母親說張達就是幫我接生的產婆，我好驚訝。我查了資料，她曾到海南島當醫護人員，暗暗支援當地的中國游擊隊，幫助他們策反，回來以後，得到陸海空軍褒狀，成為「反正義士」。

李昭容　很多學者會從資料庫、鄉鎮志或村史整理史料，但我會盡量訪問後代，雖然那很累。這是在地人對自己的期許，希望內容不要出錯或缺漏。如果要找後代訪談，人際網絡很重要，我從教書到現在都住彰化，在地的人際網絡都可以靠自己打通。

印象最深刻的是在纂修《新修彰化縣志．人物志》過程中訪問到四方醫院的後代，那是我年輕時就想做的題目。開設四方醫院的施江南是鹿港鄉親，頗負盛名，兄弟以江東、江西、江北命名，名字太吸引人了，大家都對他們很好奇。他們家身為二二八、白恐的當事者，有點害怕述說自己的故事，但施江北的兒子施優生認為時代改變了，不藏私分享很多家族的故事。

透過國史館台灣文獻館編纂張家榮引薦，訪問施江北之子施優生。（圖片提供／李昭容）

張素玢　過程中我覺得最難的就是找到人物的後代，有時事隔好幾代，家族都已經不在彰化了，過程像在做偵探一樣。人物的生卒年是最基本的，我們要透過戶籍一個一個去查出來，但是在戶政事務所吃最多苦頭，戶政人員說，這叫個資不給看。

李毓嵐　父母、子女的名字也都透過戶籍資料去查。

張素玢　對，不然他說叫阿桃、阿牛，問全名未必知道。有時學歷說的不夠準確，我們都還要找到確實的證據。但戶政事務所要看公文辦事，文化局的公文還不算，因為戶政事務所隸屬民政局，但民政局又說不負責修志，不能幫我們發公文。公家機構規矩很多，所以不如靠自己，我們都各自突破了一些戶政事務所……。

李昭容　這真的是我遇到的最大困難，我去過四個戶政事務所，還有彰化縣府民政處，最讓我稱讚的是花壇戶政事務所。彰化市的戶政事務所人很多，要應付民眾的業務之外還要應付學者，就說這是個資法，無法幫忙。我先生建議去花壇試試，業務比較少，結果被當成座上賓耶！陪我喝茶聊天，還請小姐幫我查。

李毓嵐　我遇到比較大的困難是在文化篇，連偏鄉都要至少一個人物，就會有一些挑戰。剛開始在大城一直找不到合適的人，我就看了很多日治時期的詩集，才發現當時大城也是有詩社的，有位大城詩人的作品被收錄到全台的詩集，最後好不容易寫出那位文人的生平。

李昭容　毓嵐老師找的那位人物真的是夠條件，我覺得這才是關鍵。我們不是為找而找，要符合條件才會被入傳。

Q　三位老師都曾做過地方家族的研究，認為「家族」和「地區」是何種關係？

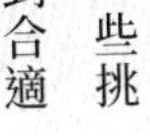

李昭容　鹿港的家族比較多，單一家族不會有那麼大的影響力，但影響力一定是在的，比如慶昌行陳家是郊商起家，曾幫忙抵擋戴潮春進攻鹿港。現在已經完全看不到他們的政治跟經濟影響力，但留下了文化產業。他們在鹿港還看得到的祖厝是十宜樓和意樓，陳麗香歌仔戲團用意樓海盜蔡牽和楊桃樹作為文化想像的空間，改編成虛構的歌仔戲。

李毓嵐　霧峰林家是很好的例子。林獻堂父子在1932年成立「霧峰一新會」，辦演講、讀書會、展覽、辯論會、宗教座談，甚至一年一度的運動會，幾乎每天都有各種形形色色的活動。動機很單純，是希望提升霧峰的文化水準，

方志最吸引人和痛苦的地方，就是要實際田野調查。

成為典範後，再把這個清新之氣散播到全台灣。不只如此，林獻堂也很照顧佃農，成立「坑口農事自治村」，引進新的耕作手法和肥料。他們是有錢的家族，但對地方有很多正面的舉措，我個人覺得像這樣的家族，才可以稱為望族，而不是自掃門前雪。

張素玢　不要說霧峰林家，他是五大家族。除了五大家族，其他的地方像田中的陳家，或是北斗的林家，在以前濁水溪洪水氾濫時，整條街都被沖毀了，都是當地的家族仕紳帶領街庄群眾遷街跟建街，而不是地方官吏出面。

過去家族的菁英都留在自己的家鄉，但到了1960、1970年代，離開故鄉的越來越多。你會說，是因為都市化、工商業化。我自己的想法是「耕者有其田」大大打擊原來地方上重要的經濟勢力，破壞傳統家族跟仕紳共治的地方生態。家族失去了用以維生的土地來源，轉而投資工商，發展工商的基地跟條件就不會是在故鄉的田園。

地方的衰敗不能馬上歸因為他們的離去，但地方的菁英離開，也是黑道崛起的原因之一。當然這個因果不能太簡單化，但黑道要在城市裡混，角頭太多了，他在地方才有辦法慢慢壯大聲勢。

Q 最後，能否分享為何長期投入這個領域，其迷人和辛苦之處。

李毓嵐　我念師大歷史學系博士班時，就開始參加許雪姬老師主持的林獻堂日記解讀班，也當過櫟社詩人張麗俊日記的解讀助理，接觸到一些中部的重要人物，在吳文星老師的指導下，這些後來變成我博士論文滿重要的資料。畢業後進入中興大學歷史系執教，正好也在中部。簡單來講我從接觸的資料開始，還有工作的地方，跟中部的人物都還滿息息相關的。人物很有趣呀，沒有人就沒有歷史事件的發生，可是可能也是最難的，因為人的思想是最難去理解的，但樂趣也在其中。

我對歷史的興趣可能遺傳自外祖父。聽母親說，外祖父是基督教傳道師，有在寫澎湖歷史，年輕時候還真的在做田調跟口訪。我以前在學校成績不是很好，但是文史方面的科目對我來講很容易應付，上大學很自然念歷史系，好像一切都很順理成章。

當撰寫者投入其中的時候，會發覺所有已經死去的人、事，都活到我們的生命來。

歷史研究本來就有它辛苦的一面，像我們在做縣志的時候，你要去聯繫的後代或訪問對象很多；查戶籍資料也是很瑣碎、傷眼的，但都是必經的過程，看到成果出來，會覺得那些都值得了。

李昭容 我對歷史是真心喜歡，念中正大學歷史研究所的時候到處走透透，李若文老師訓練我們結合研究與田調，嘉義是我第一個田調場域。另外，在碩論時我選擇鹿港丁家的研究，遇到許雪姬和林會承兩位大師，到了中興大學又遇到黃秀政老師，很受照顧。

我覺得方志最吸引人跟痛苦的地方就是要實際田野調查，快樂跟痛苦是一體兩面的。還記得陳翠蓮老師曾經說：「你們田調可能訪問老半天，一句話都沒辦法寫，有時候會挖到寶。」我百分之百認同。我從年輕開始研究的人都是有社會地位或人生經驗豐富的人，我每次想到受訪者講的話，心裡都會有股暖流。每個幫助我的後代，我從來不會忘記，不是只把他們當作拿資料的人。我曾跟好友說，在年輕的歲月做了那麼多田野調查，我覺得很慶幸，人生做這件事情很值得。

張素玢 說到辛苦，我兩個孩子都不想走我的路，因為我都工作到睡覺為止，桌上堆滿資料，永無止盡的找尋。

其實我考上歷史系的時候，第一件事情就是要轉系。我記性又不好，覺得怎麼這麼倒楣讀到歷史系。我也很挑釁地問老師歷史的功用，最常聽到的就是什麼以古鑑今啊、前車之鑑，我都覺得我沒有辦法感受，現在我會覺得歷史的功用是要用生命跟歲月去體會。

我跟這些志書人物的年齡可能差了有一世紀，但你會發覺這些隱微的線到最後會不知不覺把我們纏繞在一起。大家可能疑惑：歷史跟我們什麼關係？歷史不只是靜態的文字書寫，當撰寫者投入其中的時候，會發覺所有已經死去的人、事，都活到我們的生命來。那我們也應該要把這樣的感受和認知再繼續傳遞下去，讓歷史生活化也具有生命力。

初心陪伴，實踐生活應有的樣子

從學生時期開始愛情長跑的治德與青樺，年輕時就有開書店的念頭，無奈台北的生活成本高，索性透過移居實踐夢想，在藝文活動相對貧乏的鄉野盛開文化與知性的花朵。

雖然嶄新異地總有意料之外的情境——缺乏具吸引力的公園、欠缺支持系統的育兒困境、公車班次過少，但他們始終相信，只要堅持倡議、付諸行動，身處的環境可以變得更好。

文字—李盈瑩
攝影—陳星州

Another 移住者告白 Life

告白者 王治德 & 蔡青樺

一個是熱愛音樂與影像的大叔、一個是熱愛閱讀的知青，兩人攜手來到壯圍鄉間經營書店「嶼伴書間」，辦講座、支持影像創作者發聲之餘，也陪伴女兒在宜蘭的山海溪流一起探索與茁壯。

找回年少時身體力行、說走就走的初心，去實踐我們對未來的想像。

Q：移居前，兩人各自的成長背景？

治德：我媽媽是花蓮人，雖然後來全家搬到台北，但每年我都會回瑞穗過暑假，溪水抓魚、在村子裡跑跳都是童年日常。

青樺：小學時期家住高雄，後來也是舉家遷居台北，中間也短暫住過桃園，兒時印象就是一直在搬家，即使在台北住過很長一段時間，依舊沒有歸屬感。直到樂樂出生後我們住古亭同安街一帶，她是個想到什麼就說什麼的孩子，容易認識朋友，於是我們在公園結識許多鄰居與她的同齡玩伴，在公園做回收的阿婆會送她一些還很新的玩具，旁邊雜貨店的阿姨也會請她吃果凍，我似乎是在陪伴樂樂長大的過程中，才開始有對一個地方產生家的感覺。

Q：為什麼會想移居宜蘭呢？

治德：台北的生活成本高，人們得花更多時間投入工作與賺錢。我當時主要拍攝廣告、MV等商業案件，每日早出晚歸幾乎都泡在劇組，年幼的樂樂一連好幾天沒看到我，帶著童稚而疑惑的眼神詢問青樺：「爸爸是不是迷路了，才會找不到家？」她有時會透過桌上喝剩的啤酒罐或其它蛛絲馬跡，感覺到我曾經回來過。因為太少見面了，有次她甚至在我準備出門工作時，脫口而出像是應對客人的寒暄詞：「掰掰～下次再來玩喔！」這些童言童語現在說來輕鬆，但當時聽在心裡聲如洪鐘，十分沉重。

我與青樺在大學時期就開始交往，她喜歡閱讀，我則是熱愛音樂與電影，當時去過一些空間，可能週末是劇場表演，平日就作為學生發表各式作品的場域，因而經營一間書店藝文空間，是我們從年輕時就萌芽的夢想。如今來到這個年歲，身旁的朋友一個個都定下來了，我們也想找回年少時身體力行、說走就走的初心，去實踐我們對未來的想像，找到生活應有的樣子。

然而以我們的經濟狀況，似乎得離開台北才有開店的可能，最初曾考慮我熟悉的花蓮，但由於當時手上仍有些商業拍攝案，也時常需要出國工作，花東在交通上的時間成本實在太高，加上我們與樂樂的朋友圈都在台北，於是宜蘭成為移居之路的折衷選項，後來碰巧在壯圍進行拍攝案件，便選擇在此落腳。

Q：移居後，工作重心與生活樣貌的轉變？

治德：移居後我逐步將重心轉移到紀錄片創作的領域，也在宜蘭縣政府文化局舉辦的「影像與樂園」系列工作坊擔任講師。以前從事純商案，時間壓力大，需要極高的專注力，因此在家裡與小孩對話時常失去耐心。而目前從事紀錄片拍攝或一些偏向紀錄類型的商案，兩者都是需要時間打磨的案件類型，可以自己掌握節奏，雖然收入變少，但陪伴孩子的品質提升許多。

青樺：我現在主要負責書店營運，從選書、活動企劃、粉專行銷，到店內烹煮咖啡、前進校園做繪本分享等。不過這年頭書不好賣，需舉辦各式活動吸引人潮進到書店，我們會辦靜態的畫展、攝影展，也有動態的紀錄片放映、各種議題的講座。

「嶼伴書間」是壯圍第一家獨立書店，對照宜蘭市的「城鄉潮間帶」以環境、空間、農村書籍為主軸；羅東「stay旅人書店」近來著重的在地文史踏查與兒童文學教育，若要定位「嶼伴書間」，可能就是我一直以來在做的事情的總合吧！比如以前在台北參與社區改造、參與式預算案、新北市社區規劃師培訓及「景美人權文化園區」種子師資培訓等各項工作坊，因此書店會進不少關於轉型正義的書籍；樂樂出生後，我開始關注家庭教育、兒童權利、性別平等的範疇，也對於著墨在個人不同處境的小說或繪本感興趣，希望透過這些選書，讓人們能試著理解不同個體之間的差異，展開溝通並同理對方。

身邊許多朋友會憂心宜蘭的藝文人口並不如台北龐大，在此經營藝文空間難上加難，但我認為這是需要花時間「養」的，且許多時候並不是沒有需求，而是需求長期被忽視，久而久之便看似無所求。我們曾在書店舉辦長達五天的影像工作坊，就來了不少對影像有濃厚興趣的在地國高中生；平日宜蘭高中或蘭陽女中的老師會帶孩子來這裡聽講座與閱讀、家住書店斜對面的碾米廠阿嬤常帶孫子來店裡看書，也有從事幼教的壯圍居民會來買書，以實際的購買行動支持我們繼續經營。

文化、美感、藝術，是人人都值得

文化、美感、藝術，是人人都值得擁有的事物，不該只是都會區的專利。

擁有的事物，不該只是都會區的專利，無論是書店、畫室、劇場，若有越來越多能夠激發創意的場域在宜蘭深耕，對藝文感興趣的年輕學子就會更願意留在家鄉生活。

Q：作為移居家庭，在宜蘭生活及育兒的真實感受？

青樺：我們是2020年10月遷居壯圍，那年正好遇上連綿三個月的漫長雨季，一日大雨過後，當時租的房子竟因管線堵塞，雨水從頂樓淹到二樓，再從樓梯如滑瀑般流向一樓。或許是頭一年就經歷過震撼教育，對宜蘭冬季多雨的氣候我們已能適應，然而，比起天氣更讓我詫異的，反而是農村的育兒環境。宜蘭在地家長比我想像的還要重視孩子的學業，孩童下課後多半直接送入課輔班，並不是我原先設想的——在農村隨處都有同齡玩伴。再來，就是宜蘭缺乏吸引人的公園遊戲場，沒有空間就難以匯聚人群，孩子不太容易在住家附近認識玩伴，導致移居家庭的育兒處境更顯孤獨。

在台北的時期，我透過住家附近一處閒置空間的改造過程，結識了推廣兒童遊戲權的「還我特色公園行

動聯盟」，後來陸續參與組織行動，集結眾人之力成功改造居家周邊幾座原本乏人問津、充滿罐頭遊具的公園，讓它們搖身一變成為孩童一放學就立刻飛奔前往的熱門遊戲場！來到宜蘭，我想持續以公民行動的力量改變環境，日前與宜蘭縣政府工商旅遊處洽談，有受邀參與公園改造案的審查會議；一回到壯圍古亭社區分享繪本故事，也趁勢與社區理事長溝通自然遊戲場的改造概念，雖然深知距離實現理想的那一天仍然遙遠，但至少開啟了對話的起頭。

此外，或許有人會認為宜蘭當地溯溪、帆船等野外活動蓬勃，同樣能充實孩子渴望探索與玩樂的心，但我相信，並非所有家庭都能負擔這些裝備與活動費用，而一座能滿足孩童對於爬高、擺盪、旋轉、溜滑等刺激面向，從使用者角度出發設計的公園遊戲場，才是真正能為不同家庭狀況的孩子時時刻刻備在那裡的日常設施。

宜蘭的育兒環境雖不如預想，但這座依山傍海、鄰近溪流的地區仍滋養了我們的生活，夏天我們會去壯圍海邊、去林美石磐散步、到猴洞坑溪玩水，冬季就去礁溪溫泉泡腳。在這裡我們也結識許多當地朋友，樂樂三不五時就到附近的「牛頭司—牛耕小學堂」與牛隻互動順便充當小幫手，或到樓下的「圍食堂」、「很美 Handmade」咖啡廳串門子，探索鄰里。

Q：對於想望移居的人，有哪些過來人的經驗分享？

移居這件事，比起懷抱過多浪漫的情懷與想像，更需要貼近現實。

治德：我覺得每個起心動念想要移居的人，前進的地方都至少都有一個你目前生活所缺乏的特質，才能驅使自己做這麼大的改變。然而旅行與生活是兩回事，去除那些迷人的風景，一個地方的基礎建設才是與生活緊緊相扣的事物。

就拿壯圍境內的公車來舉例，一天僅有三個班次，且最末班甚至在傍晚四、五點就戛然而止，它設置的思維就是給長者清早搭公車到市區醫院，就診完再搭車回來，並未考量學生或其它族群。有一次我提早15分鐘抵達站牌，殊不知因為搭的人少，車子老早就呼嘯而過，亦曾聽聞公車司機臨時請假，讓民眾空等多時的情形。

我相信這些情況在花東或其他偏鄉也會發生，這是赤裸裸無法迴避的層面，以至於移居這件事，比起懷抱過多浪漫的情懷與想像，更需要貼近現實，從營生與經濟、育兒環境與資源、縣內交通，以及地方對行人的友善程度等面向，去思考移居後的生活，最重要的是不要忘記決定移居的初衷。

港邊的
鐵皮祈禱室

盧昱瑞
高雄人，畢業於台南藝術大學音像紀錄所，以捕捉影像為志業。2005年開始拍攝紀錄片，題材大多圍繞在海港生活的人，偶爾也關注老房子和文化資產等相關議題。

從２０２０年２月開始走訪鐵皮屋至今，已寫過三間和信仰有關的鐵皮屋，有三腳渡天德宮、馬場天主堂和煉油廠旁的萬應公有應公廟。最初在尋找鐵皮屋時，總希望能著重在建築空間及其環境的精神層面，而非僅限於設計美學上的追求。

在台灣的鐵皮屋，常常是草創初期的最佳選擇，就猶如數家知名的美國科技業者以「車庫」作為起點。所以常常看到那些外觀樸素簡單的鐵皮屋，走進屋內卻能感受到空間裡散發著某種堅毅執著的精神，對於這樣的建築體，總是特別敬佩仰慕。

座落在鹽埔漁港附近的一間祈禱室，也具有高度堅毅執著的特質。這間祈禱室是由許多印尼船員們自主募款興建而成，大家合資買來一個老舊的二十呎貨櫃，直接用貨櫃屋改造成祈禱室，貨櫃朝向西方聖地麥加。此貨櫃高兩米六，寬兩米四，長六米，室內地板面積約四坪大小，祈禱室的左側加蓋一個約兩米寬的陽台，在平常的禮拜或聚會時可靈活運用此陽台的空間，祈禱室的旁邊還設有一座淨身用的水拹仔（tsuí-hiàp-á，台語的手壓泵浦）。

從船員Doyok分享發布於臉書上的照片，可看見這間祈禱室誕生的過程。從整平地面鋪設水泥固定，彩繪祈禱室的大門與牆面，整理周圍的休憩空間等等，船員Doyok非常努力積極地建設這個鹽埔船員專屬的穆斯林信仰空間。

鹽埔祈禱室的教長Santosa說以前港邊沒有這間祈禱室時，大家只能在漁船上或去東港的祈禱室禮拜，但大家努力建設這間祈禱室後，讓鹽埔漁港的船員有一個完善的聚會所，信仰有了歸屬，船員彷彿擁有一個更安穩的家。２００８年鹽埔泊區完工啟用，２０１２年這裡開始形成船員聚落，大約六年前鹽埔祈禱室落成，讓當地的印尼

船員有一個交流聚會的場所。

然而近年來因應漁港整治規劃，鹽埔漁港將打造一座嶄新的轉運站及周邊漁港的改善建設。這座船員獨立打造的鐵皮貨櫃祈禱室，可能會消逝在未來漁港的建設中，目前僅能期許公部門在嶄新漁港的規劃藍圖上，能設置一個符合國際勞動人權提升的「多功能船員服務中心」，並讓努力為台灣漁業奮鬥的異鄉船員們，擁有一個像家的信仰與休憩空間。

親愛的柏璋

閱讀你的蜻蜓觀察，腦中先是出現休耕後的稻田，接著卻浮現了國小操場的樣子：夏日雨後，草坪積了水，一樣滿天的蜻蜓。那是在台北市，迥異的文化場景下，同種生物所引發的現象，實在值得細細比較。

我回憶中的「大自然」，其實許多都源於城市，有些生態確實是從城市湧現的。我想若一座城市能找到獨有的生態風景，那才是真正扎根於在地吧。

想起9月中，台北市的台灣欒樹剛抽出花序，月底才看到大量金黃。這是當代台灣都市的季節象徵——但今年的秋季遲了，倒顯得開學早了。

有趣的是，台灣欒樹作為行道樹，是1980年代以後的流行，就從台北開始。這也表示，我是首批「台灣欒樹世代」的孩子。曾在《沉默的花樹》一書中，讀到種苗商陳義男，如何接連打造敦化南路、台中綠園道與天母忠誠路的欒樹道，引起炫風，甚至創造了欒樹節——從野樹，現在甚至成為宜蘭與嘉義的縣樹。

我只在東南部的坡地，真正看過野生台灣欒樹的植被相，它們零星夾雜在季節性乾燥的森林中，也許城市的土壤，更接近那樣的氣候吧。

台灣欒樹果實原本像粉紅色的燈籠，乾裂後成為三個薄片，像船，帶著種子漂流，或許加上吹葉機與竹掃帚的幫忙，欒樹種子隨處生根。以前森林系年度的贈苗活動，欒樹相當搶手，還有人特地為了欒樹來排隊。其實綠地與馬路邊，到處都是自生的欒樹苗。

我想成林的台灣欒樹，正是種起源於都市的景觀。連搭火車，都會看見大片廢耕地種滿了欒樹，

FROM
瀚嶢
新北．新店

黃瀚嶢
生長於台北，在城市間隙發現觀察野地的樂趣，從此流連忘返。森林系畢業後，從事生態圖文創作與環境教育，經營粉專「斑光工作室」，靠著偶爾路過的靈光努力生存。

或許正排隊進入城市。近年看到小農在賣「欒樹蜜」，心想，欒樹林甚至有林產了。

廣植台灣欒樹的結果，也引來許多昆蟲移居城市，例如紅姬緣椿象。我並不討厭欒樹下一團團紅色的景觀，但椿象卻往往成為政府需要編列預算防治的對象。

作為生態廊道，台灣欒樹也成為荔枝椿象從果園入侵城市的路徑。近年農業單位養殖出會寄生椿象卵塊的平腹小蜂，進行生物防治，城市又出現了新風景——每棵台灣欒樹都掛著黏滿卵粒的「卵卡」——那些卵會孵出寄生蜂，據說產自一種馴化的天蠶蛾「蓖麻蠶」。儘管算是種與椿象共存的文化，但也可見，這種寄生蜂不太挑選寄主，總擔心在防治椿象之餘，會不會也連帶波及到其他昆蟲。

以城市為起點，衍生無數新的文化與生態景觀，甚至還回頭改變所謂的野地——這現象大概永遠都需要我們不斷關注與思考吧。

台灣欒樹 *Koelreuteria henryi*

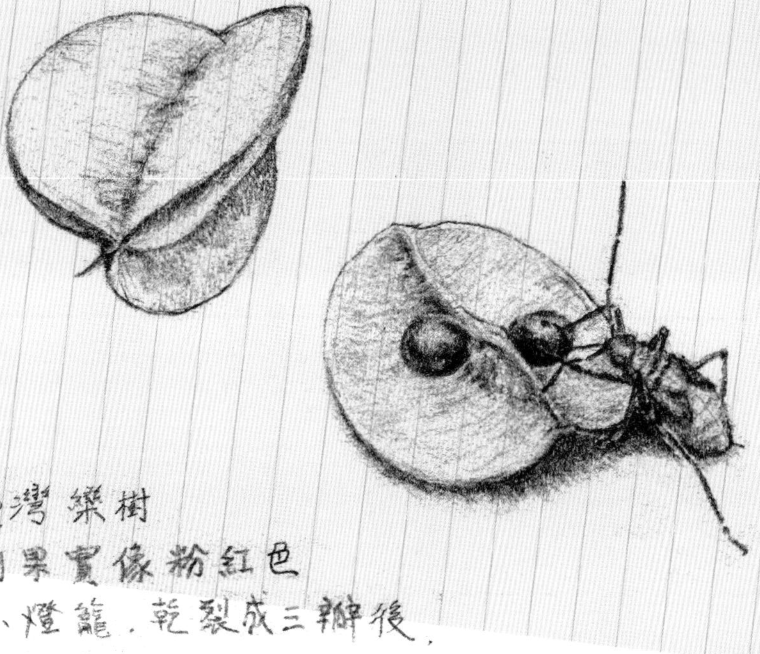

臺灣欒樹
的果實像粉紅色
小燈籠，乾裂成三瓣後，
則像載著種子的小船。

親愛的瀚嶢

讀著來信，想起大二那年我在保育社開的浸水營古道團。一路顛簸的山路上，你我瞪大眼睛掃視窗邊快速閃過的植物，期待發現北台灣沒有的特殊物種。忽然間你驚呼一聲，指著山壁上的台灣欒樹說：「哇，終於看見野生的台灣欒樹了！」。看似平淡的一句話，對彼時那個全心全意關注稀有植物的我來說，著實是一記重拳。在那之前，我從未把馬路邊隨處可見的台灣欒樹當作一回事，當然也不可能注意它在野外的模樣，甚至沒有思考過它身為原生種乃至特有種的意義。

當自己連身邊常見的鄉土物種都不了解，卻一味地追求萍水相逢的珍稀物種，這種心態似乎值得重新思考。或許就是那次契機為我開啟新的眼光，因此還要謝謝欒樹與你呢。

隨年紀漸長，相較於圖鑑式蒐集與單純形態觀察，我發現自己愛上挖掘物種背後的故事。回顧自己過去在專欄裡書寫常見的鄉野物種，都帶有對地方元素的觀察與凝練。然而，這並不代表我不再關注稀有物種，相反地，新竹苗栗淺山的稀有物種仍持續散發吸引力。

前陣子，一位我過去在苗栗擔任實習老師時的學生、今年剛從屏科森林畢業的楊同學，帶我前往距離他家不遠處探訪一座槲櫟森林。你應該記得槲櫟，是我們當初修習樹木學時連標本都極不容易取得的超稀有植物，約一百年前由林學家島田彌市於新竹首度採集，並在日本人離開後銷聲匿跡，直到二十年前才在新竹海濱重新找到。我當年在森林科任教時曾為準備課程，前往新竹的槲櫟生育地取材，仍無功而返。楊同學前幾年在苗栗找到這片新

FROM
柏璋
新竹・新竹市

陳柏璋

熱愛山、攝影與書寫的野外咖，時常帶著相機與紙筆，在野地裡打滾整天。目前與一群好夥伴共創「森之形自然教育團隊」，試圖在人們心中埋下野性的種子。

槲櫟 *Quercus aliena*

的槲櫟森林，可以說是歷史性的紀錄，彌足珍貴。

到底是哪些原因，讓稀有植物成為稀有植物呢？對於充滿謎團的槲櫟，或許可以用演化、生物地理、分子親緣的方法辯證。相較於天然演化，我更在意人為播遷的可能性。眼前幾株槲櫟大樹，究竟是演化長河中的驚鴻一瞥，還是先民移自中國的遺珠？一旁的砌石駁坎與火炭窯，似乎也透漏出一些線索。

在槲櫟大樹底下乘涼時，楊同學說他想跨出森林舒適圈，因而考上藝術領域的研究所，嘗試讓新舊經驗產生火花。我一聽感到熱血沸騰，給予他十足的鼓勵，畢竟我深知生態與藝文碰撞能夠幻化出太多精彩的可能性。我暗自期待，如果他選擇接觸生態插畫，我可要帶他來跟你認識一番呢！

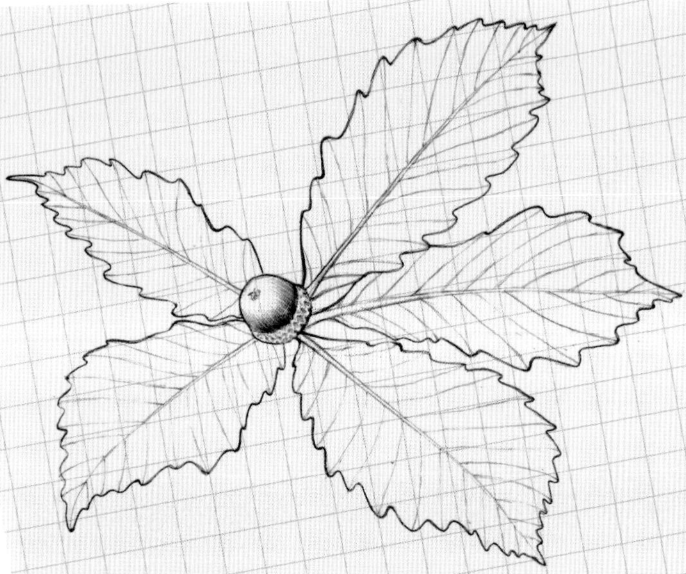

每棵槲櫟都結了好多可愛的橡實
看到都入迷了才發現
這些橡果子居然都乏「鼠」問津！

風土繫

織一塊布，療癒族人心中的山

文字—陶維均
圖片提供—林彥劭、Tommaso Muzzi

陶維均
1984年出生台北，國立臺灣大學戲劇學系畢，現從事工作囊括體驗設計、品牌規劃、地方創生、創意高齡及劇場編導、教學等領域。2019年創辦針對熟齡族群打造的線上廣播電台《有點熟游擊廣播電台》，累積聽眾超過千人。

林介文（Labay Eyong），巴塞隆納自治大學建築學院臨時空間設計系碩士，花蓮紅葉（Ihownang）部落太魯閣族人。

今年，她因為策展作品《裏山》入圍第20屆的台新藝術獎，評審團形容該作「以不可為而為之的行動，在礦場和織者們將離散與混雜轉化為織布的原動力與新語言，並以群體動員、相互學習的療癒力量，裏敷山林、戰爭與迫遷的傷逝」。

這件作品的起心動念，是因林介文見到紅葉部落原始林被大型採礦機具各種宰割鑿切。她想織一塊很大的布，包紮療癒整座山。進山才發現計算有誤，以為可以把山一圈一層打包起來，結果布的面積只夠勉強貼滿一面岩牆，像在傷筋斷骨的重大急創傷貼上一塊小小OK蹦。

往返山林，林介文發覺山貌並非一成不變，原來山會療癒自己。她邀請15位織者合作，織一張超大的Gabang（被毯），利用萬榮紅葉礦區做展場，找尋當代太魯閣族編織的可能性。

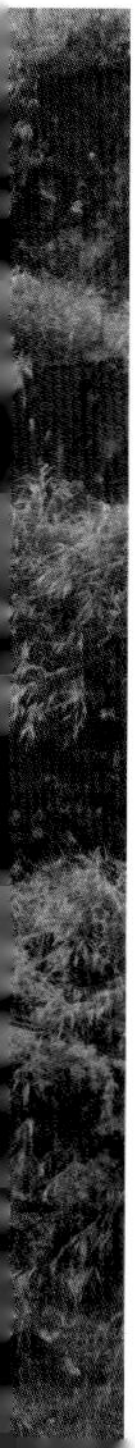

我們太魯閣族實在是太需要被療癒的一個族群了（註1）。

以前太魯閣族女人會編織才能結婚，日本人卻說織布是懶惰、強迫女人棄織從耕，然後為了取得山林資源，把我們從高海拔趕到低海拔，要我們皇民化；為了方便統治管理，國民政府再把我們從低海拔遷到平地，要我們漢化。

比如我現在住的紅葉部落，根本不是太魯閣族喜歡住的地方，我們喜歡高山。甚至全台灣的原住民部落都被迫遷到溪流出口，每逢颱風就是土石流坍方和溪水氾濫，新聞說原住民好可憐受災第一排，但我們是主動選擇住在這嗎？經歷這一切之後，看到當代花蓮太魯閣族部落時常發生的吸毒、家暴等社會案件，抽絲剝繭都是有歷史演進脈絡的。

所以關於療癒的論述出現在當代太魯閣族社群是很合理的一件事，畢竟我們的價值觀曾經被完全摧毀。

註1
《地味手帖NO.12》的風土繫專欄〈療癒是從文化裡長出來的〉，報導線上共學組織「巫癒子」，組織發起人也來自太魯閣族，同樣把「療癒」當作重要的組織理念。

原住民常被描述成歌聲特別嘹亮又笑聲特別宏亮，但，有沒有一種可能，因為說不出口所以載以歌舞，而每次笑聲都是一塊小小OK蹦，包紮心中那座受傷的山。

織布是慢工出細活，像瑜珈或慢跑，是無法下滑更新的慢動作，在這個短影音當道的時代顯得另類，也更具當代慢活的推廣價值。《裏山》從最初的大型策展，轉化為強調織者培力的《裏山開花》，藉由國發會地方創生的補助經費，不分族群、地域甚至性別的培力織者，讓從小離開部落或在都市成長的原住民青年，透過織布課程建構族群認同；最重要的，個人能編織的量體有限，但若集眾人之力，也許終有包裹整座山的那天。

「裏」也是「果」。種下文化果實，等候遍地開花。

每次笑聲都是一塊小小OK蹦，包紮心中那座受傷的山。

每個時期的傳統都是根據當時提供的東西臨機應變。太魯閣族起初只有苧麻，荷蘭人帶來化學染毛線，族人拿到毛線之後做了什麼？創作！創作各種新的技法、顏色和圖紋。我們現在口中的傳統其實是當時的創新，既然如此，生在材質爆炸易取得的當代，創新又是什麼？織布還能做到什麼？

我以前覺得「使命」兩個字很沉重。藝術創作應該沒有侷限，但織布對部落來說很侷限，是傳統太魯閣族社群對女性身分認定的標準，這跟追求自由的藝術創作似乎有所違背，讓兩種價值相互融合也是我的課題。對我來說，織布不只是一門技術，重要的不是圖紋技巧多高深或成品多平整，更是打造一條讓族人回到文化裡的管道，是一種保持平等去看待萬物的開放態度，更是交流、分享與傳遞力量的方式。

原住民本來就美感很好，很會編織雕刻，但為什麼從國外念書回家才發現部落有我在外面學不到的事？我花了十幾年重新找族群價值與認同，希望未來的小朋友不需要再花下一個十幾年，繞了一圈才發現原來美術館展出的那塊布，我家阿嬤也會，只是被鎖在衣櫃，從沒好好注視過。

原來美術館展出的那塊布，我家阿嬤也會，只是被鎖在衣櫃，從沒好好注視過。

近期，由政府主導的大型藝文節慶輪番上陣，台灣頭到台灣尾各地方局處首長拉風剪綵有型有款，社群流量爆炸迷因橫行。經常受邀各地參展的林介文，對於不斷在短時間內重複「採購、製作、展出、拆除、丟棄」的動作感到相當無力。

五年前，她決定不再重蹈覆轍，改撿回收的毛衣或倒閉工廠丟棄的線材來創作。

社群媒體總是只呈現活動精彩、效果出眾的那部分，不一定真實或者另外有不夠美好而未被呈現的真實。比如國發會的地方創生計畫，把上百萬經費帶進部落，關鍵績效指標寫得漂亮，但部落既有的困境和難題依然在那。林介文認為

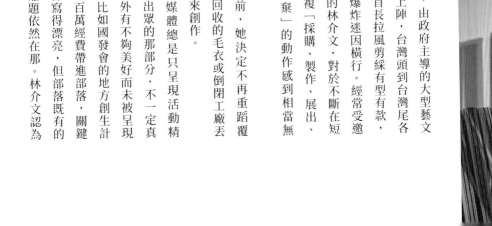

風土繫

自己如同廣闊山林的一根小草，努力做事就當播種，不求立即見效或卓越回報；但當有越多活動要辦、越多一次性預算要消耗，埋下的果就越少時間被照料。

政府為了消耗預算，不停舉辦一次性的節慶，不停製造爆量的廢料。兩個星期的燈會、幾千萬的預算燒光之後，廢料究竟流落何方？台灣的國家形成是速成的，文化一詞也是近十幾年才被熱烈討論。社會的主流風氣是生產然後消耗、賺錢然後消費，當個體形成習慣就很難改變。

對於部落來說，要把藝術節辦好相當難。要真正在部落造成思想漣漪促成行動，並且找出幾千年累積的原民智慧和資本社會主流風氣的對應方式，絕對不是一年一度的燈會或光鮮亮麗的藝術節可以做到，需要潛移默化。我決定用廢料再造來創作也跟原住民傳統有關。我們追求自給自足，不過度採集也不濫用。

談到創辦全阿美族語教室的好友馬躍．比吼，林介文說自己專精藝術而非教育，但希望有天也能遇見志同道合的部落夥伴，創辦心目中的學校。

她相信改變從教育開始，教育也是療癒。

林介文的外公祖籍中國浙江，外婆來自彰化鹿港，父親身上有著日本血統，自己則和義大利人結婚。看著兩個兒子身上的文化大融合，強調太魯閣族的傳統規範似乎不那麼重要，更重要是保持開放，不要居高臨下認為某一民族比另一民族優異，不要陷入國族或民族主義的狹隘對立。

2014年，我受邀在花蓮的新城火車站創作。我原本是學雕塑的，後來對織布感興趣，心想

織布不只是一門技術，是一種保持平等去看待萬物的開放態度。

乾脆用織布做一件雕塑。我原本只是想邀我先生Tommaso Muzzi拍攝織布的過程，他卻說我們應該要上太魯閣國家公園，去原本族人在的地方田野調查，問最初遷下山那批耆老的生活經驗。

我很多的思考其實是受我老公影響。他是紀錄片導演，人類學是他相當重視的一門學科，從他眼中我反而看到台灣原住民的文化特殊性。田調之後才發現，原來太魯閣國家公園以前有119個太魯閣族部落，原來有那麼多被迫遷徙的族人故事，而我們必須知道這些事，才能理解部落文化的珍貴價值。如果這些故事沒有被廣知，族人仍然會陷入「寧願去都市打零工也不要留在部落」的惡性循環，始終覺得原住民就是差人一等；如果我們依然相信有一個族群是次等的、是需要被文明開化的，那就是重複我們當年遇到的處境：父母親把我們從部落趕去都市，叫我們好好讀書找工作，絕不要回到山裡。

所以教育很重要，應該多元呈現各種平等的選項。也許你身處的文化是相對少數，也許你選擇的姿態並非主流樣板，但每個族群的生活方式都同等有價值。

林介文笑說，自己最初想編一塊布幫山療癒這個念頭，是愚公移山，但我相信她和織者們也是知者，知道一些我們不敢知道的事，是大智若愚。

生活法則

Vol.9

不存在劇場的存在試探

文字、攝影—高耀威

我很喜歡「不存在劇場」，這個地方完全符合我心目中所謂「蠻性空間」的模樣，有些人在裡面搞些相對邊緣的事，思辨能自由的流竄其中，無意義的事可以坦率地滋長。會知道這個地方，是因為主人之一的陳昱清，以前滿愛來我經營管理的神祕天台串門子，那時候我感覺到台南這個城市開始散發出一股無聊的氣味，自由瞎搞的事被資本與精緻化的事物排擠，於是利用隔壁阿嬤的三樓閒置陽台，在裡面打乒乓球、下圍棋，建造天空之城，設法留住城市的蠻性；後來，天台因為「太危險了啦」被封閉，我暗自神傷卻又故作瀟灑地離去，沒多久，得知陳昱清與夥伴古伊琳在北區，一棟荒廢般的自家老宅，打造一處讓不同領域的個人或團體於此共生的「不存在劇場」，我的心中雀躍震盪，如今躍然紙上。

在空間裡掃地的人

古伊琳回想當初整理空間的畫面，不可思議的蟑螂大軍瘋狂四散，我擅自暗想，當初居住其中

（圖片提供／周泰全）

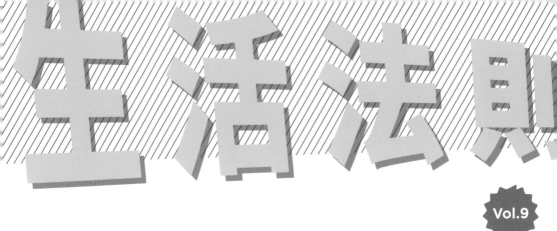

大笨蛋

的人，似乎也以某種共生的心態與各種生物棲居其中。這個地方要怎麼讓它活起來？動力何來？為何而活？他們兩人在空間內扮演什麼角色？空間要在這個無聊的城市裡扮演什麼角色？蟑螂四散去了，我心中的問題卻不斷冒出來。

陳昱清說：「我們是在空間裡掃地的人。」我還滿喜歡這個回答的，從消除的角度去探討，空間先不要被規畫限定住，不要被結構確認，藉著意志堅定的清潔整理，讓髒汙退散，讓成見消弭，讓有變成無，做出一個最低限度的人為場域，其他的隨它滋長，再於每次的往來流動後，適切的打掃，淘汰淨化，花大量的時間思考不存在的事，讓空間成為無以名狀的非典型存在，同時也能藉著「空無」、「靜默」，允許一段漫長的「凝視」，創造出根本的「交流」。

某天我從長濱回台南，抵達時間正巧是古伊琳的「百日獨舞祭」，她打算在三樓劇場空間，以獨舞的方式接續完成一百場，記得那天是第36場，幾個觀眾近距離圍坐

Fool, dumb, and that's OK.

舞台，她在80年代流行的悲情女歌聲中裸舞，結束後，觀眾們下樓到一個房間內隨意聊天，古伊琳換裝後也加入，某個女孩拿出畫冊，展示給我們看她欣賞舞蹈時速寫的即興線條；另一位靦腆的學生說，她一直在聽冰塊溶解的聲音（冰塊是這場舞蹈演出中的道具），覺得與海浪的背景音很搭；席中還有古伊琳的表妹，分享她眼中表姊的生命轉變。古伊琳從小學舞，某次參加比賽後，無法認同舞蹈（藝術）以通俗的形式被片面的評鑑而停止習舞，或許如今的百日獨舞，便是她面對困惑的反射。大學時選修成大的「不分系」，有時會約這些不被定義的同學們來聚會聊天。

如消波塊一樣的存在空間

陳昱清是北藝大研究所畢業，曾有一段時間到處住朋友家，從「120草原自治區」、「海或市集」、「文賢油漆工程行」及各式劇場中，反省對空間的想像，回到台南後，發現潮流一波一波的洗去他喜愛的那些空間，想讓「不存在劇場」帶著「消波塊」的功能，減緩海浪的侵蝕，讓潮退中失去立足之地的那些人與事，有個暫時寄託的所在。

目前空間內有詩人團體進駐、一位DJ短居、一位建築師，還有一位年輕創作者正在裡面打造「天國」。採訪那天，年輕詩人們回來，探頭進來借摩托車；建築師直接走進來加入我們，聽說她經歷了某種失去後，來到這裡，白天從事建築，晚上去酒店上班，「就像《華燈初上》那種喔！」她特別跟我補充說明。

大笨蛋生活法則

高耀威
40多歲的人，著有《不正常人生超展開》一書，目前經營兩間店，一間是位於台東長濱的書店「書粥」，一間是在台南的共同工作室「白日夢工廠」，每月底會營業幾天「寂寞食堂」，持續練習另一種活下去的方法。

後來我們聊到「什麼是天國？」陳昱清先說：「至少我知道天國不是遠方的香格里拉，而是我走到一個地方，建立起一個叫做馬康多的城市。」我再問，「那什麼是地獄？」陳昱清突然想到以裸命者（無國籍者，沒有任何社會身份的流浪者）為例，所謂天國就是能款待裸命者的地方，反之，地獄就是裸命者無以為家的地方。接著聊到什麼是「理想社會？」他說：「可以跟被排除者建立某種詩性的連結。」、「如果一個遊民用紙板造了一座城堡，這個社會能欣賞這樣的美。」最後我問，假如一人有一百萬要做什麼，他們都想要能有小額回饋的投資，像是養雞生蛋這種，「人還是不要擁有太多，匱乏一點比較好。」古伊琳說這是陳昱清的名言。

對我而言，「不存在劇場」就是那一百萬，以開放包容的心創造出空間的無限性，產出那些人事物的小額回饋。有了他們的存在，台南才得以是一個適合人們作夢、幹活、悠然過活的地方！

返鄉，是為了再次看見野菱蔓生

文字、攝影—張敬業
圖片提供—野菱蔓生

這次訪談非常特別，是空檔和空檔交會完成，原因是當地方創生成為日常，許多團隊長期在地方蹲點後，逐漸積累出成熟經驗，導致大家頻繁移動出差，加上我們團隊也正逢三年一度的「今秋藝術節」舉辦期，剛好趁著北上時與「野菱蔓生」的智宇，約在高鐵站訪談。

打開舊城區再生的想像

「野菱蔓生」這個品牌其實是智宇與團隊夥伴，後期較為成熟的

張敬業

2012年返鄉成立「鹿港囝仔文化事業」，透過社區參與的方式重新認識家鄉。2015年籌辦今秋藝術節，讓人們重新對鹿港有新的想像。近年著重地方青年培力，計畫建構返鄉及移住青年的地方支持系統。

作品。早在他從高中畢業離鄉求學間，因社群媒體與資訊流通，依舊保持對龍潭地方事務的討論，直到他從彰化、台北，再回到桃園就讀中原大學景觀研究所，才慢慢把重心從原本的雲端視角拉回到實際參與地方活動上。其中，智宇特別提到2015年「桃園藝文陣線」舉辦的「回桃看藝術節」，是點燃他心中返鄉熱情的關鍵。

在研究所深造的同時，他把畢業設計的題目拉回到龍潭。在此之前，2010年由另外一位夥伴蔡濟民發起、以鍾肇政文學地景保存的文化運動，是龍潭近年來許多地方能量再起的重要積累。有了龍潭國小日式宿舍的保存，就打開對龍潭舊城區再生的想像。智宇分享到，鄰近的龍潭第一市場是日治時代就存在的市場，因後來大火而沒落，1999年原想效法當時候蔚為風潮的華西街，不料一年多之後因轉型失敗又再次沒落。以此為研究題目的智宇，也盤點出幾個問題，發現市場與鄰近的美食街、商店街內容沒有太大差異，人們自然不會想走進去。

團隊為了活絡街區，開始在舊城區舉辦市集活動，藉由活動認識許多潛藏在市井的攤友，後來這些市集品牌想繼續留在龍潭而有空間需求，智宇與團隊才有振興第一市

地方

場的想法，並將其重新以龍潭舊時的「菱潭」命名，並定位為「菱潭街興創基地」。

菱潭街販售的內容與鄰近商店街有所區隔，人潮逐漸回來，街上燈籠逐漸點亮，成為人們對菱潭街的第一印象。後來因舉辦活動吸引更多族群，開始有更多需求，對商圈基礎設施的需求就變大了，最基本的廁所就成為新的問題；另外整個菱潭街到外部商店街，缺乏中繼停留點，讓來訪的人們在休憩與購物的空檔可以短暫歇腳。於是找到了在商店街與菱潭街中間的一處公有閒置空間，也因為有菱潭街的經驗，規劃新的中繼空間時能更快清楚定位。

團隊成形串聯專業所長

若將整個龍潭舊城區從龍潭大池、菱潭街、商店街到龍元宮看作一個整體，這樣一盤大棋需要更多角色進來，於是由菱潭街串起的地方連結，到「洄游創生」的子軒負責處理設計美學、「Fun假趣旅行」團隊從影像著手，同時也受國發會地方創生青年培力工作站的支持，「野菱蔓生」團隊就這樣順勢而為形成。

新的空間也扮演著龍潭大池到龍元宮之間的中繼角色，不只是滿足平面的逛街歇腳，更重要的是垂直面向的地方支持，協助本地或返鄉青年的創育輔導，另外也能持續

LOCAL NOTE

【成立年份】
2021年

【團隊成員】
張智宇、邱子軒、陳璽文、姜文婷、李鈺淳、胡佩寰、陳玟伶

【成員分工】
張智宇：計畫主持人
邱子軒：協同計畫主持人
陳璽文：日常駐站營運（主站點）及在地諮詢與網絡連結
姜文婷：協力工作站計畫執行及駐點
李鈺淳：地方文史調查員
胡佩寰：三和衛星站負責人
陳玟伶：三和衛星站行政窗口

【主要業務】
返鄉人口交流與諮詢、在地觀光諮詢服務、品牌經營管理輔導、品牌美學設計、數位整合行銷與教學、在地商品販售通路、活動與展覽策辦、組織與團隊交流場域

【收入來源】
專案規劃、品牌規劃、市集規劃、場館維運、視覺設計、攝影紀錄、影片剪輯、社群行銷

對接外部資源來活絡街區。

有了空間、有了團隊，再進一步就是和傳統文化合作。今年龍元宮的五穀爺（神農大帝）生日舉辦的「神龍鬧鎮」，就是團隊透過與五穀爺生日慶典活動結合，除了有傳統的遶境踩街，透過市集、演唱會這些與當代生活更有連結的活動，讓更多不同的族群能走進舊城區，感受慶典帶來的文化氛圍。

從智宇的團隊經驗可以看到，當具有專業規畫能力的人們，願意長時間蹲點地方，一起看見、面對與解決地方問題，我們就有機會再次看見龍潭大池裡的「野菱蔓生」。

談SDGs存在的時代意義

文字—林承毅
圖片提供—林 事務所

所謂「普世價值」應是指無論時代如何迭代更替，它都將持續存在、不滅，頂多隨著時空長出不同的形式及模樣而已。然而這樣的過程，背後也總是發人深省，也造就行動上的「反璞歸真」，到底這是不是一種感知下的物極必反？或說是時代流移般的尋常，行動的大開大闔？軸線上的移動與翻轉？

回顧過往十年，以「永續」為主導的價值思維，可說一時蔚為風尚，這股浪潮，從國外吹向國內，從個人前進組織，從民間影響公部門，也因此幾個眾人所熟知的潮字，就這樣存在著，CSR、USR、SDGs、再到最新的ESG，無論創造多少流行字，都有默契的直指著《聖經．彌迦書》中的那一段。

「行公義、好憐憫、存謙卑的心……」這樣的概念，不就正是「社會創新」的根本？

回顧過往年代，樂善好施的人不僅被視為有福報，更透過行動展示社會地位及影響力，當人們想到大善人，通常腦海裡就浮現一位白髮蒼蒼、閱歷深厚、面容慈祥又熱情溫暖的長者形象，適度行善是為了累積陰德之事。

到近代，行動體現在各式勸募及公共事務參與上，漸漸的年輕世代習於透過小額捐助來展現對於價值及理念的支持，藉此參與盡一己之力，當然如果你期望的改變不只是這樣而已，那是否就此跳出來，「以身為度」讓改變更有力且真實。

或許你會認為別傻了，光憑一介素人沒錢沒勢，誰理你？當清楚意識到，政府並非萬能，當多數公民身感無能為力，那是否有人願意

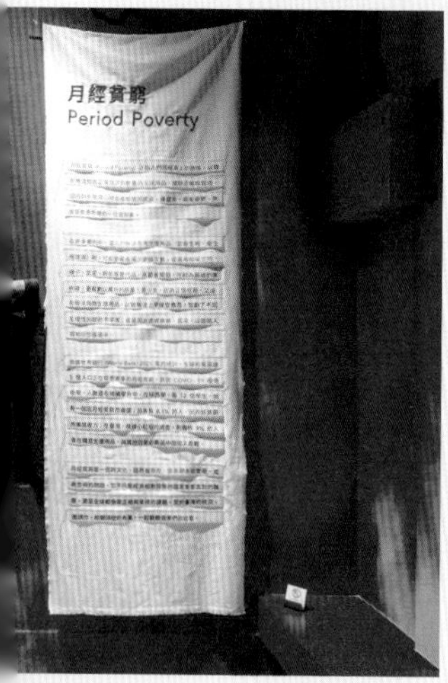

挺身而出，透過實際行動讓這個社會更好？就如同「Design for the Other 90%」這句響亮的話語，激勵了許許多多人挺身而出，讓社會改造成為一場如接力般的全民運動。只要你相信，這社會值得改變，那就提出主張，展開行動，並別忘了「可持續性」模式的創造，因為社會不應走回頭路，行動不該只是活動，當成細水長流，翻轉勢在必得。

「所以，你們年輕人到底在幹什麼？看不懂捏？是聽起來好棒啦！雖然不是很能理解，好，那我支持你們一次，加油！」這樣的對話，常常出現在年輕NPO夥伴與非同溫層的對話，而到底怎麼樣才能有效促進溝通及相互理解，從而擴大倡議，爭取更大的支持能量？

2015年由聯合國共識所提出之2030永續發展目標，俗稱的SDGs就是帖解方，涵蓋17項核心項目，169項具體目標所組成之結構，看似複雜，但也縝密的足以涵蓋所有的社會事。當人們追求一個公平正義的美好社會，我們需要更多的理解及共感，而SDGs的存在，彷彿就是一把得以超越諸多不同及隔閡的通關之鑰，藉此多重關係，人將因此相互共感及靠近。

SDGs是個符號、指引或是語言？我覺得它是一種猶如棒球場上，捕手所發出的暗號，期待藉此溝通並形成默契，而引領一種時代的新價值。因為我們都懂，這樣的默契會讓價值共創之路上更具意義，而這樣一個被SDGs這個暗號所圍繞的未來，值得創造，也令人期待！

BACK ISSUE

《地味手帖》是以「生活有著開闊可能」而生的風格指南誌，藉由每期專題一步步往地方邁進，從日常生活所見、所用、所思，形塑自我的地方生活觀。過往期數主題，各大實體、網路書店、獨立書店，均有販售。

經典熱賣

| NO.01 |

地方個性：創造地域生活感的人與事

2020年8月出版

收藏創刊

| NO.00 |

流動生活：實現二地居住、自創工作的新可能

2020年6月出版

| NO.03 |

秘密據點：地方工作者的地下事務所

2020年12月出版

| NO.02 |

風土技藝：留住文化留住人

2020年10月出版

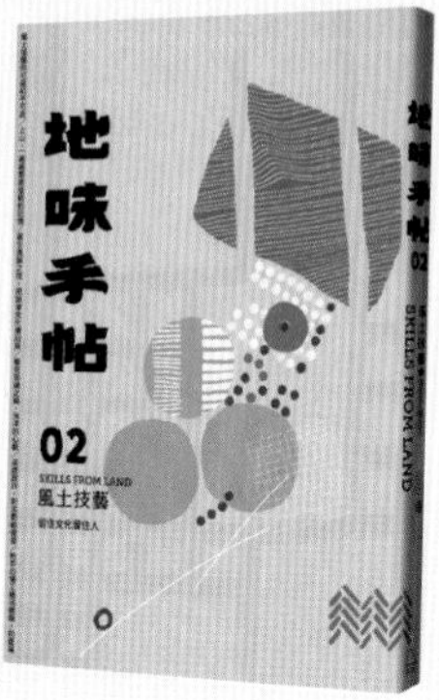

來聽故事

| NO.06 |

移動販賣車：日常中的地方行動

2021年6月出版

| NO.05 |

家屋現在式：家的面貌再定義

2021年4月出版

金鼎獎加持

| NO.04 |

繼承家業：新時代的返鄉傳承路

2021年2月出版

| NO.09 |

街區一直在：地方生活感的來處

2021年12月出版

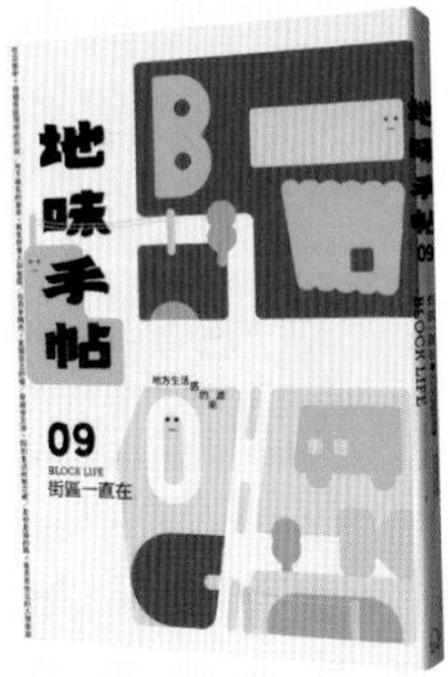

| NO.08 |

聲音風景：聆聽地方的不可見

2021年10月出版

| NO.07 |

野孩基地：長出地方的歸屬感

2021年8月出版

\ 地方生活愛，延伸閱讀！ /

山裏食：

以食為引，走進高雄山間廚房

【作者】

文字｜謝欣珈、林宜潔、曹沛雯、郭銘哲、黃怜穎

攝影｜陳建豪、盧昱瑞、陳志華、邱家驊、王倚祈

【出版】2022年1月

菜場搜神記：

一個不買菜女子的市場踏查日記

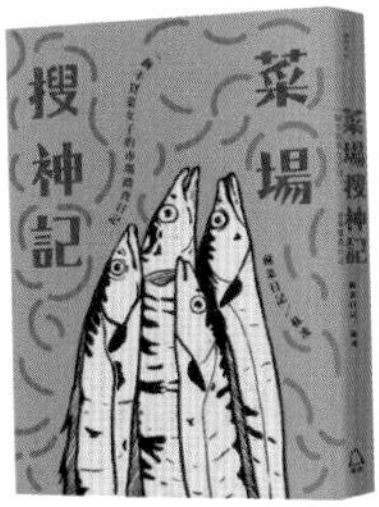

【作者】蘇菜日記｜蘇凌

【出版】2022年6月

地方攝影浪潮

| NO.11 |

村之寫真：凝視而後改變的力量

2022年4月出版

生活新趨勢

| NO.10 |

地方兼業：創造自己的在地交往

2022年2月出版

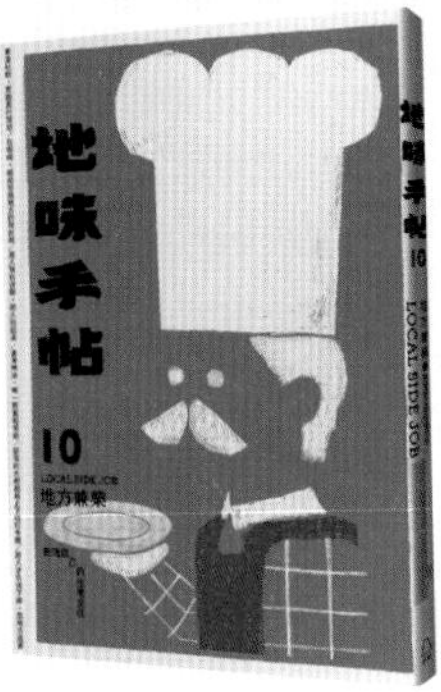

| NO.13 |

地區賽隊：地方愛的熱力展現

2022年8月出版

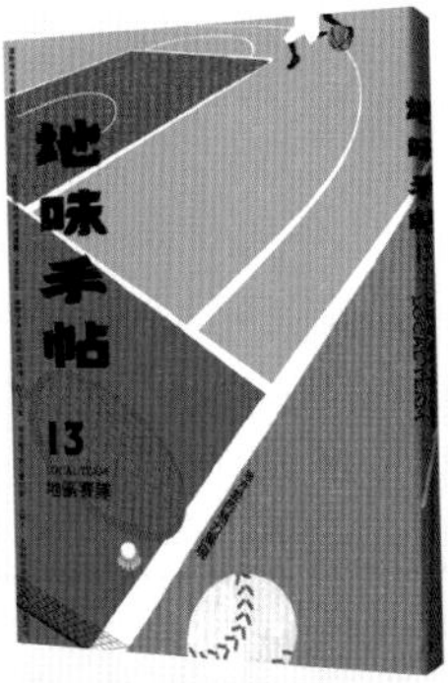

| NO.12 |

鄉村博物館：尋找自己是誰的方法

2022年6月出版

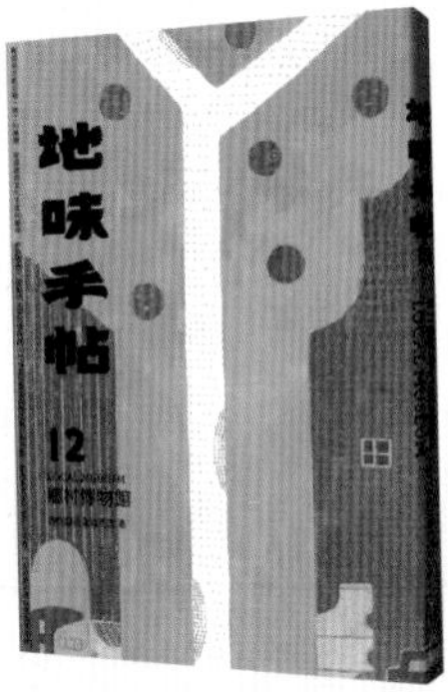

地味手帖【14】

望族之後

——穿過時代脊簷的光

主編——董淨瑋
編輯顧問——林承毅
封面設計——廖韡
內頁設計——Debbie Huang、安比

社長——郭重興
發行人暨出版總監——曾大福
出版——裏路文化有限公司
發行——遠足文化事業股份有限公司
地址——新北市新店區民權路108-3號8樓
電話——02-2218-1417
傳真——02-2218-8057
Email——service@bookrep.com.tw
客服專線——0800-221-029

法律顧問——華洋國際專利商標事務所 蘇文生律師
印刷——凱林彩印股份有限公司
初版——2022年10月
定價——380元

Printed in Taiwan
著作權所有・翻印必究

特別聲明：有關本書中的言論內容，不代表本公司／出版集團的立場及意見，由作者自行承擔文責。

望族之後：穿過時代脊簷的光/董淨瑋主編. -- 初版. –
新北市：裏路文化有限公司出版：遠足文化事業股份有限公司發行, 2022.10 面；　公分. -- (地味手帖；14)
ISBN 978-626-96475-0-7 (平裝)
733.4　　111016169